Batata

Bat

Coleção Aromas e Sabores da Boa Lembrança

A ASSOCIAÇÃO DOS RESTAURANTES DA BOA LEMBRANÇA

apresenta

ata

2ª edição

Texto **Danusia Barbara**   Fotos **Sergio Pagano**

Aromas e Sabores da Boa Lembrança – *Batata*
© Associação dos Restaurantes da Boa Lembrança e Danusia Barbara, 2006

Direitos desta edição reservados ao Serviço Nacional de Aprendizagem Comercial
– Administração Regional do Rio de Janeiro.

Vedada, nos termos da lei, a reprodução total ou parcial deste livro.

SENAC RIO

Presidente do Conselho Regional
ORLANDO DINIZ

Diretor do Departamento Regional
CARLOS MIGUEL ARANGUREN

EDITORA SENAC RIO
Av. Franklin Roosevelt, 126/604
Centro | Rio de Janeiro | RJ | CEP: 20021-120
Tel.: (21) 2510-7100 – Fax: (21) 2240-9656
www.rj.senac.br/editora
comercial.editora@rj.senac.br

Editora
ANDREA FRAGA d'EGMONT

Projeto editorial, coordenação técnica e receitas
ASSOCIAÇÃO DOS RESTAURANTES
DA BOA LEMBRANÇA

Texto e pesquisa
DANUSIA BARBARA

Concepção fotográfica, fotos e food style
SERGIO PAGANO

Produção das receitas
ASSOCIAÇÃO DOS RESTAURANTES DA
BOA LEMBRANÇA E SERGIO PAGANO

Assistente de fotografia (Rio e São Paulo)
ISABELA CARDIM

Editorial
ELVIRA CARDOSO (COORDENADORA),
CRISTIANE PACANOWSKI E KARINE FAJARDO
(COORDENADORAS ASSISTENTES), LILIA
ZANETTI, MARIANA RIMOLI E PAULO SERPA

Produção
ANDRÉA AYER (COORDENADORA)
E MARCIA MAIA

Comercial e Logística
ADRIANA ROCHA (COORDENADORA),
ALEXANDRE MARTINS, ALLAN NARCISO, FLÁVIA
CABRAL, JORGE BARBOSA, LEANDRO PEREIRA,
MARJORY LIMA, ROBSON VIEIRA E RONY ROGER

Marketing e Eventos
CARLA VIDAL (COORDENADORA)
E JOANA FREIRE

Administrativo
DECIO LUIZ PESSANHA (COORDENADOR),
ALINE COSTA, ALMIR MENEZES, GARCIELE GOMES
E MICHELLE NARCISO

Padronização das receitas
CENTRO DE TURISMO E HOTELARIA DO SENAC
RIO E ANDRÉ MORIN

Sugestão de vinhos
DANIO BRAGA

Design
SILVANA MATTIEVICH

1ª edição: outubro de 2006
2ª edição: novembro de 2008

Rica em carboidratos e pobre em gordura, a batata é a quarta fonte de alimento no mundo, superada apenas pelo arroz, o trigo e o milho. É uma hortaliça versátil muito utilizada como acompanhamento, tal qual o arroz e o macarrão. Neste livro, você aprenderá maneiras novas de preparar esse alimento. Além dos modos convencionais que conhecemos – cozida, assada e frita –, você poderá vê-la figurando saborosa em receitas muito originais de entradas, pratos principais e sobremesas.

Danusia Barbara, com seu jeito espirituoso de contar histórias, apresenta os resultados de seu estudo sobre esse tubérculo num ensaio interessantíssimo, que reúne história, lendas, mitos, ditos famosos, curiosidades. Todas essas informações aumentam ainda mais o desejo de experimentar as sugestões de preparo da batata oferecidas pelos renomados estabelecimentos da Associação dos Restaurantes da Boa Lembrança.

Por tudo isso, *Batata*, o quinto livro da coleção *Aromas e Sabores da Boa Lembrança*, oferece um rico material para profissionais, estudantes e pessoas interessadas em gastronomia, área cujo desenvolvimento tem sido apoiado pelo Senac Rio por meio de diversas ações e projetos, como esta publicação. Convidamos você a percorrer estas páginas e desfrutar das iguarias que certamente deixarão uma boa lembrança.

ORLANDO DINIZ
Presidente do Conselho Regional do Senac Rio
Dezembro de 2004

"Majestade, doravante a fome é impossível!"

Essa frase histórica de Antoine-Augustin Parmentier registra um momento mágico na humanidade: um alimento que até então era acusado de tudo – até de provocar lepra – passava a ser reverenciado como solução alimentícia: salvou franceses, irlandeses, africanos e outros povos da fome; fácil de cultivar seja qual for o terreno; barato; eficaz em termos de nutrição; e requer pouco espaço para ser produzido. Entre suas muitas habilidades, a de fornecer um jantar completo: couvert, entrada, prato principal e sobremesa à base de batatas. Que são múltiplas, coloridas, com serventias culinárias diversas. Há as boas para fritar, as boas para se fazer roesti, para purês, pães etc. Se a Europa curvou-se à batata no século XVIII, os incas há uns oito mil anos já a reverenciavam.

Para acompanhar essa interessantíssima saga, Danusia Barbara foi ao Peru (de onde a batata se originou) e, num texto leve e jovial, fez um breve ensaio sobre esse tubérculo, com profusão de referências históricas, antropológicas, botânicas, artísticas, medicinais. Somos levados a uma empolgante viagem da Cordilheira dos Andes à China (maior produtor atual de batatas), da mitologia indígena até o restaurante El Bulli de Ferran Adrià. Um relato de fragmentos da história da humanidade.

É, pois, com muita alegria que a Associação dos Restaurantes da Boa Lembrança, reunindo restaurantes de todo o Brasil, forneceu receitas exclusivas para esse alimento nobre e prazeroso. Como diz o personagem de Machado de Assis, "Ao vencedor, as batatas!" Neste caso, somos todos vencedores!

DANIO BRAGA
Vice-presidente da Associação dos Restaurantes da Boa Lembrança
Dezembro de 2004

Sumário

Ao Vencedor, as Batatas! DANUSIA BARBARA	8
Entradas	30
Acompanhamentos	65
Pães	89
Aves	94
Carnes	100
Crustáceos	112
Massas	117
Peixes	131
Sobremesas	147
Receitas Básicas	157
Sobre Batatas	165
Glossário	168
Índice Remissivo de Restaurantes	171
Índice Remissivo de Receitas	172
Relação dos Restaurantes Associados	174
Sobre os Autores	176

DANUSIA BARBARA

Ao Vencedor, as Batatas!

Nossa história começa há uns 28 milhões de anos, com fendas sísmicas, precipícios brutais, trovões assustadores, despenhadeiros radicais, erupções vulcânicas, temperaturas desgovernadas, terremotos. Depois de tantas ações, reações, lutas, conflitos e adaptações, um mimo da natureza: ergue-se a Cordilheira dos Andes e ocorre a formação de um dos maiores centros de diversidade biológica do mundo.

Nesse cenário de força, vigor e variedade, açambarcando desde áridos desertos à luxúria da vegetação amazônica, surge um alimento que, pouco a pouco, se tornou importante para o homem. Salvou povos da fome; foi pintado por Vincent van Gogh;[2] navegou no espaço no ônibus espacial *Columbia*, da Nasa; revelou incrível capacidade de render muito a custos baixos; foi citado por Shakespeare;[3] agrada aos gourmets (ah, o purê do Joël Robuchon!!!) e aos adeptos da fast-food (que tal umas fritas agora?). Talvez seja o único legume que as crianças aprovam e comem sem reclamar.

A batata é camaleoa: consegue ser clássica, barroca e moderna. Nem salgada, nem doce, nem amarga, nem ácida. É acolhedora, cadeira de balanço, colo de avó, carinho de mãe, presença do pai. Comfort food, definem os foodies. Enfrentou calúnias: uns diziam que dava lepra; outros, que era veneno puro; outros, ainda, que não podia ser comida por não ser mencionada na *Bíblia* e por ser a "planta do Diabo".

Em suma, onde houvesse batata, haveria algo de podre. Nada mais errado. Hoje, ela é o quarto alimento mais cultivado no mundo, produção anual acima de trezentos milhões de toneladas. Só fica atrás do arroz, do trigo e do milho. Mas está florescendo em todas as partes do mundo, é mais eficaz e ocupa menos espaço que os demais cultivos. A China é hoje seu maior produtor.

Tem uma centena de nomes e está presente em receitas gostosas e peculiares – seja como entrada, prato principal ou sobremesa.

Entre as suas mil e uma utilidades, tira cheiros da geladeira; ajuda a limpar espelhos, vasos de cristal, panelas e prataria; entra na fabricação de papel. Como compressa, serena a pressão nos olhos e ajuda a deter o sangramento de feridas. Seu suco é um conforto para úlceras gástricas, elimina parasitas intestinais e, ralada, alivia queimaduras. Faz desaparecer dores reumáticas e, cortada em rodelas, posta sobre a testa, debela enxaquecas. Máscaras de batata previnem rugas e reduzem inchaços.

Contém vitaminas essenciais; foi usada nas primeiras tentativas de foto a cores; dá origem a aguardentes, anestésicos e explosivos. Nutritiva, não engorda (cozida no vapor, assada ou em outras modalidades que dispensem frituras, cremes e anexos), nem abriga gorduras. Deu origem a poema popular: que criança brasileira não recitou "batatinha quando nasce..."?[4] Tem uma centena de nomes e está presente em receitas gostosas e peculiares – seja como entrada, prato principal ou sobremesa.

Maleável, exibe diversidade única, com duzentas espécies registradas nas regiões andinas, cinco mil tipos levantados, inclusive algumas variedades silvestres carnívoras. É justamente a variedade que determina sua consistência e seu gosto. Existem batatas para tudo: para musses, para cremes, para bebidas, para serem fritas etc. Cada tipo favorece algum prato. A *Rosine*, por exemplo, é de origem bretã, comercializada de agosto a maio na França. Pele avermelhada, carne amarelo-claro, fica ótima cozida a vapor. *Samba*, filha do cruzamento dos tipos *Roseval* e *Baraka*, desmancha-se facilmente sob o garfo. Boa para purês. Se *Mimi* é vermelha, *All Blue* é toda azul-violáceo. *Cleópatra*, de origem holandesa e disponível na Hungria, é oval, tem pele rósea e carne de um amarelo-pálido. A *Duke of York Red*, vinda da Escócia e encontrada na França, Inglaterra e Holanda, é ideal para ser cozida. *Yana Qhachun Waqachi*, pequenina, arredondada e de pele preta, cujo nome de origem inca quer dizer "negra que faz chorar a nora", faz sucesso tostada. A modalidade *Apollo* é boa para fritar ou gratinar. Já a *Yukon Gold*, do Canadá, ovalada, fica deliciosa cozida no vapor. É muito popular nos Estados Unidos.

No Brasil, ainda estamos longe de toda essa diversidade. Aqui, a oferta nos mercados é tímida, reduzida. Quase um vexame. E atenção: batata-baroa (*Arracacia xanthorrhiza*) e batata-doce roxa não são solanáceas, ou seja, não pertencem à mesma família da batata-inglesa. Entraram nas receitas deste livro porque popularmente são tidas como da mesma origem. Mas há diferenças, embora todas sejam tubérculos. A batata-inglesa, gênero *Solanum tuberosum* (classificação do cientista Lineu), não é uma raiz; origina-se de um prolongamento do caule, nasce de uma espécie de axila da planta. Já a batata-doce roxa, da família das *Convolvulaceae*, gênero *Ipomea*, é uma raiz que, como um camelo, armazena amidos e açúcares para usar num momento de necessidade ou estresse. A batata-inglesa é parente do tomate, da berinjela, do tabaco, das pimentas. A batata-baroa é prima da cenoura, ambas da família das umbelíferas.

Os incas

*De sua cama de enxofre, ao romper do dia,
caminhando foi o Diabo
para visitar sua pequena e acolhedora fazenda, a Terra,
e ver como vão indo suas provisões.*[5]

Os incas formavam uma população indígena poderosa. Dominaram civilizações anteriores e estenderam seu império a terras que hoje constituem o Peru, o Equador, a Bolívia, o Chile e a Argentina. No início, *inca* era apenas o título do Imperador, filho do Sol. Aos poucos, o termo generalizou-se. Entendiam de astronomia e agricultura, teciam panos fantásticos, eram craques na feitura artística de objetos de uso diário (quando puder, visite o Museo de Arte Precolombino, em Cuzco, Peru: peças de elegância e serventia total).

Bons arquitetos e excelentes engenheiros, eles construíram a cidade de Machu Picchu num local tão inatingível que só em 24 de julho de 1911 ela foi descoberta pelo pesquisador norte-americano Hiram Bingham. Seus aquedutos e sistemas de irrigação são até hoje admirados. Conheciam profundamente os produtos da terra: domesticaram mais plantas alimentícias e medicinais do que qualquer outro povo do mundo.

Entre suas contribuições, a criação dos *chuños*. Os *chuños* são batatas pequenas e amargas, que crescem numa região bem quente de dia e muito fria à noite. O amargor se deve às substâncias tóxicas que contêm. Em grande quantidade, podem ser fatais. Por outro lado, justamente esse "veneno" aumenta a resistência da batata ao frio ou às pragas, permitindo que se desenvolva em terrenos muito altos, onde outras plantas morrem. A batata para o povo andino significa vida, acessível até aos mais pobres, alimentando e sendo fonte de vitaminas e minerais. Homens e mulheres moravam em montanhas altas, tinham que cultivar batatas a mais de 3.500 metros acima do mar. Conseguiram e foram além: desenvolveram um meio de preservar o alimento para as épocas difíceis.

A batata para o povo andino significa vida, acessível até aos mais pobres, alimentando e sendo fonte de vitaminas e minerais.

Depois de selecionadas, as batatas são expostas vários dias ao frio do relento e se congelam. Em seguida, são colocadas em algum lugar com água. Passados trinta dias, saturadas de água, as batatas são espalhadas pelo solo e pisoteadas até perderem toda a água. De volta para a exposição diurna e noturna, acabam secando completamente. Assim desidratadas podem durar anos e anos: basta hidratá-las para voltarem a ser comestíveis. São ótimas, parecem um pãozinho, brancas ou escuras, conforme o tratamento que recebem: as escuras não têm a pele eliminada no processo.

Outro invento é a *papa seca*: a batata é cozida na água, descascada, cortada em lâminas postas a secar ao sol e depois moída, lembrando uma sêmola de grãos mais grossos. Ótima na feitura de vários pratos como o *carapulca*, no qual é misturada com carne, tomates, cebolas e alho.

Ainda hoje, a relação entre o homem dos Andes e a batata é intensa. Ela é raiz ancestral de sua existência há pelo menos oito mil anos. Além da tecnologia da desidratação e do congelamento, os incas desenvolveram processos de adaptação das várias batatas selvagens à grande diversidade de ecossistemas existentes na região. A posição geográfica do Peru, em contato com o mar, desertos, montanhas de várias altitudes e florestas tropicais faz com que se encontrem lá 84 dos 117 ecossistemas do planeta.

A cada colheita ofertam-se batatas à *Pachamama* (mãe-Terra, em quíchua) enterrando-se as escolhidas entre pedras quentíssimas, para que a mãe-Terra as coma antes de todos. Esse costume deu origem ao prato *pachamanca* (marmita da terra, em quíchua), de preparo longo, com carnes variadas, batatas, feijões e outros cobertos de ervas aromáticas, enterrados entre pedras incandescentes.

Nos festejos de carnaval, o camponês celebra a fertilidade com sua *Pachamama*. Dança, canta, conversa, oferece batatas recém-colhidas acompanhadas de folhas de coca, observa a *fome de frutificar* da mãe-Terra. A batata está tão presente na cultura andina que pode até ser usada como unidade de tempo. Em vez de se falar *meia hora*, pode-se dizer, por exemplo, *o tempo que levam as batatas para ficarem cozidas*.

Lendas e histórias passadas de pai para filho são outro exemplo da profunda ligação entre o homem andino e a batata, como bem aborda o livro *La papa, tesoro de los Andes*, do Centro Internacional de la Papa (CIP). Os moradores das terras altas, explorados por outros povos, pediram ajuda aos céus. Deus então deu uns tubérculos carnosos e arredondados que, plantados, originaram um bonito campo, repleto de flores brancas e lilases. Quando as plantas amarelaram e seus pequeninos frutos pareciam maduros, os opressores invadiram os campos e roubaram toda a plantação. Desesperados, famintos, os vencidos rezaram e ouviram uma voz ordenar-lhes: "Removam a terra e peguem o que encontrar. Esse alimento fica escondido para enganar os homens maus e enaltecer os bons."

Há a história da mulher que sobreviveu à pobreza e fome total que assolou os andinos por tempos longínquos. Enfraquecida, doente, deitou-se um dia ao calor do sol. Foi por ele fecundada e deu à luz um menino, que acabou morrendo. Mas seu corpo frutificou: dos dentes surgiu o milho; de seus ossos apareceu a mandioca; de seus testículos nasceram as batatas.

Outra lenda fala do deus Huatiacuri, que andava vestido de trapos. Um dia, seu concunhado, irritado com sua aparência, sentiu-se ofendido e o desafiou a vários duelos. Perdeu todos, enquanto o vencedor Huatiacuri ainda encontrava tempo para dançar e se divertir durante a peleja. Huatiacuri é a personificação da batata, esconde seu poder sob vestes de aspecto miserável. A batata, coberta de terra, filamentos desgrenhados, é uma maltrapilha. Mas no momento certo, surpreende: alimenta a todos, mostra seu poder.

Nos dias de hoje

Oh Deus!
Multiplica os frutos da terra, as batatas e outros alimentos
criados por Ti, para que os homens não padeçam
nem de fome nem de miséria.
(Oração inca)

Para desenvolver o potencial da batata e de outros tubérculos, surgiu, em 1971, o Centro Internacional de la Papa, que funciona em La Molina, nos arredores de Lima, Peru. É uma instituição científica, sem fins lucrativos, com apoio de entidades internacionais. Seu objetivo mais amplo é reduzir a pobreza, aumentar a sustentabilidade ambiental e ajudar a garantir a alimentação nas zonas mais pobres e marginalizadas do mundo. Possui o banco genético de batatas mais completo do mundo – cinco mil diferentes tipos cultivados e silvestres. Atua em países de todos os continentes, Ásia e África inclusive, fornecendo orientação científica e soluções integradas.

Na busca de melhor conhecer e aproveitar os trunfos da batata nos nossos dias, dois nomes se impõem: o russo Nikolai Vavilov e o peruano Carlos Uchoa.

Nikolai Vavilov nasceu em Moscou, em 1887. Formou-se pelo Instituto de Agricultura russo, chefiou o Departamento de Botânica Aplicada no Comitê Científico de São Petersburgo, foi biólogo, botânico e geneticista. Nem a Primeira Guerra Mundial nem a revolução russa impediram seus trabalhos. Percorreu o mundo inteiro catalogando plantas, do Afeganistão aos Andes. Seu departamento foi considerado o mais completo e importante do planeta. Entretanto, em 1940, Stalin levou-o à prisão. Seus alunos continuaram as pesquisas, mas o boicote governamental foi terrível. Acabaram morrendo de fome, recusando-se a comer as sementes e batatas que ainda lhes restavam. Entre as inúmeras descobertas e teorias do cientista russo, destaca-se a de que a batata se origina dos Andes peruanos, pensamento que se mantém até hoje.

Segundo o The New York Times, Carlos Uchoa é uma espécie de Indiana Jones, sempre procurando as espécies mais incógnitas. Regiões de difícil acesso não existem para ele. Nascido em Cuzco, pensava estudar Medicina em Paris. Mas formou-se em Agricultura pela Universidade de Cochabamba, na Bolívia, e tornou-se um cientista respeitado. Sua obcecação o levou a ser preso no Equador, acusado de espionagem; no Peru, pensaram que era um ladrão; para culminar, esteve na mira do movimento subversivo Sendero Luminoso. Enfrentou tempestades, bandidos e até vulcões. Entre um entrevero e outro, descobriu mais de oitenta espécies silvestres de batatas, tornando-se a pessoa que mais descobertas fez nessa área. Para ele, a *papa* é uma das armas mais importantes que a humanidade tem para combater a fome.

Assassina ou libertadora?

Nem tudo são perfumes na saga da batata. Se é um presente dos deuses para os incas, se salvou muitas vidas, se tem capacidade incrível de se adaptar a praticamente qualquer terreno e temperatura, se oferece nutrição a custos mínimos, se hoje é difícil viajar pelo planeta sem topar com ela, foi também incompreendida, considerada culpada de quase tudo, ignorada anos e anos pelos europeus.

Quando os espanhóis chegaram ao mundo inca, em 1532, só procuravam uma coisa: ouro. E, enquanto saqueavam o império, não perceberam que esnobavam a maior riqueza, bem sob seus pés: as batatas. Ainda assim, algumas foram levadas para a Europa e lá ficaram por um tempo, bastante desprezadas. Suas flores serviam para enfeite de jardim, mas jamais se pensou em comê-las. Foi acusada de propagar a tuberculose, a luxúria (!), o raquitismo, a sífilis e até a obesidade. Seu maior crime era pertencer à família das *belladonas*, que contêm uma substância para se fazerem ungüentos e, acreditava-se, dava às bruxas o poder de voar.

O clero escocês proibiu o cultivo da batata por não estar mencionado na Bíblia, e é possível, explica o antropólogo Robert Rhoades,[6] que o termo *spud* (batata, em escocês) fosse um acrônimo da Society for the Prevention of an Unwholesome Diet (Sociedade para Prevenção de Dietas Nocivas), grupo ativista do século XIX dedicado a expulsar a batata da Inglaterra. Aliás, a *Encyclopaedia Britannica*, em sua primeira edição, entre 1768 e 1771, referiu-se à batata como um alimento desmoralizador.[7]

Ainda assim, os ingleses queriam ter sua presença garantida na história da descoberta da batata. Para eles, foi o navegador (e, dizem, pirata) Sir Francis Drake, amigo da Rainha Virgem, Elizabeth I, quem trouxe o legume para a Europa. Sir Walter Raleigh, outro súdito, incentivou os botânicos a produzirem estudos nacionalistas, confundindo termos e origens: *papa* e *battata*. Para eles, a *papa* não vinha de um território espanhol, mas sim da Virgínia, possessão inglesa no Novo Mundo.

A situação mais cômica e inteligente dessa seqüência de acontecimentos deu-se na França. No início, perseguida até por lei – que proibia seu plantio e divulgação –, a batata, sob influência do farmacêutico Antoine-Augustin Parmentier, cresceu e apareceu na França. Primeiro, ele convenceu o Rei Luís XVI e a Rainha Maria Antonieta a usarem a flor da batata em suas roupas (o rei, em sua *boutonnière;* a rainha, em seu chapéu) e contou-lhes como esse alimento poderia acabar com a fome na França.

> Poucos se interessavam em comer batatas, alimento considerado bom para porcos e prisioneiros.

Poucos se interessavam em comer batatas, alimento considerado bom para porcos e prisioneiros. Foi, então, que Parmentier teve a idéia de escolher um bom terreno central, em plena Paris, para semear batatas, com jardineiros cuidando e cercando tudo. À porta, ficavam soldados "protegendo" a comida dos nobres. Ninguém poderia entrar lá. De fato, durante o dia havia toda a proteção exigida. Mas, à noite, misteriosamente, o portão ficava aberto e abandonado. Como o que é proibido atrai, logo apareceram pessoas dispostas a furtar batatas e a saboreá-las como a aristocracia devia estar fazendo. Assim, todos descobriram como comer batatas é bom! Ao fundo, rindo, Antoine-Augustin Parmentier, que dera as ordens de fechar os olhos aos furtos. Recebeu um prêmio: o Rei Luís XVI disse-lhe que "homens como vós não se recompensam com dinheiro. Há uma moeda mais digna do seu coração. Dai-me a mão e vinde beijar a Rainha".

Parmentier, emocionado, produziu uma frase histórica depois do ósculo: "Majestade, doravante a fome é impossível!"[8]

Espanha, Itália, Alemanha, Áustria, Bélgica, Irlanda, Holanda, Suíça, Polônia, pouco a pouco a batata foi-se difundindo, enfrentando preconceitos, revolucionando o regime alimentar dos pobres. Não pareciam ser apetitosas, mas salvavam animais e homens da morte. Era preciso mais divulgação. Se Voltaire torceu-lhe o nariz, se Diderot a definiu como "farinhenta e sem gosto", Benjamin Franklin, Thomas Jefferson, Lavoisier trataram de fazer seu elogio. Passados os anos, a então invencível Armada Espanhola estava destruída, mas não a batata, que começava sua ascensão, transformando a sociedade. Os agricultores começaram a produzir mais alimento em menos tempo e em terrenos de pequena dimensão. Charles Darwin, visitando a região andina em 1835, escreveu: "É notável que uma mesma planta possa ser encontrada tanto nas montanhas do Chile central, onde em mais de seis meses não cai uma só gota de chuva, como nos bosques úmidos das ilhas meridionais."[9]

Quando tudo parecia estar dando certo, surgiu um grande problema: as plantações começaram a ser atacadas por pragas. Indefesos, os agricultores não sabiam o que fazer. Na Irlanda, a situação foi dramática: a população dependia integralmente desse legume. A batata permitia a uma família de seis pessoas sobreviver com menos de um hectare de terra. Fome e mortandade corriam soltas. Em 1846, morreram mais de seiscentas mil pessoas[10] e outras tantas emigraram, principalmente para os Estados Unidos. Foi a pior catástrofe que aconteceu à Europa desde a peste negra de 1348, escreveram os historiadores. A solução com uso de pesticidas só chegaria anos mais tarde, ainda assim relativa: pesticidas em demasia fazem mal às pessoas. Muitos fazendeiros passaram a usar cinco vezes mais pesticidas que o ideal, irrigando seus campos de longe para não causarem danos à saúde.

A charada se decifrou quando se percebeu que a monocultura era o calcanhar-de-aquiles. A saída era lembrar-se dos incas, que sempre misturavam em suas terras vários tipos de batata, tornando-as mais impenetráveis a insetos e pragas. A variedade genética seria a salvação. E por que tanto empenho na cultura não apenas de um só produto, a batata, como também de apenas um único e determinado tipo de batata? Como explicar tamanha fragilidade e exposição? Porque os compradores exigem o que querem comprar.

A cadeia McDonald's, por exemplo – mais de 31 mil restaurantes e 1,5 milhão de funcionários distribuídos por 119 países –, oferece batatas fritas que ostentam o mesmo padrão de qualidade, seja nos Estados Unidos, na Rússia, no Japão, na Polônia, no Brasil ou na China. Para isso, trabalha com três tipos de batata, a *Russet Burbank*, a *Sheopardy* e a *Russet Ranger*. De acordo com a empresa, essas batatas propiciam recheio cremoso por dentro e sabor crocante por fora. Entre plantar batatas já tendo encomenda garantida e produzir batatas para um mercado ainda a conquistar, é quase unânime a escolha: plantar e colher as batatas já vendidas. Como diz o jornalista norte-americano Michael Pollan, "a monocultura é onde a lógica da Natureza colide com a lógica da Economia".[11] A biotecnologia surge como uma opção. Companhias como a Monsanto e a Novartis prometem uma cornucópia de novos alimentos capazes de eliminar a fome e derrotar as pragas. A questão é que nunca se fez tal experimento, não há precedentes. A Monsanto desenvolveu uma série de batatas com sistema de proteção *sui generis*, lembrando a proteção contra os vírus nos computadores. A batata é plantada, não recebe nenhum pesticida. Quando o inseto devorador se aproxima, ela tem uma espécie de antivírus, ou seja, possui um componente tóxico ao inseto que o elimina. Assim, a batata escapa, incólume, da agressão. Em compensação, só pode ser usada em uma única semeadura. Por questões mercadológicas, entretanto, tal produto foi retirado de circulação. A cada vez que o homem quisesse plantar batatas, teria que comprar a semente modificada, pois as sementes viriam agora não de plantas, mas de corporações. Questão: as sementes de batata eram de domínio público. Agora a Monsanto patenteia a variedade incrementada. Sobre esse assunto, Michael Pollan escreveu o interessante livro *The botany of desire*, no qual narra suas aventuras com o plantio da batata *New Leaf*.

Convite: olhe acima do horizonte

A aceitação da batata agora é universal. É um alimento global, presente nas mesas asiáticas, africanas, européias, norte-americanas, sul-americanas. Hoje, a *papa* dos quíchuas andinos é cultivada na Nova Zelândia e já se sabe que uma batata não é só uma batata. São muitas, variando tipos, cores, textura, serventia. Sua postura é a mais generosa possível: disponível, versátil, adaptando-se a cultura, meios e gostos do local onde a plantam. Como diz o antropólogo norte-americano Robert

Rhoades, "a *papa* não conhece fronteiras regionais nem culturais".[12] E que prazeres gastronômicos ela proporciona...

Sabia que a fondue belga consiste em mergulhar bastonetes de batata frita num purê de batatas? E que pastel de noiva na Argentina consiste de galinha, purê de batatas e passas? Os *llapingachos* do Equador são uma espécie de croquete feito de batatas amassadas com cebolas e recheado de queijo. Acompanhados de salada de abacate e tomate, vêm cobertos com um ovo poché. Na Itália, o nhoque de batatas é prato nacional. O badalado chef catalão Ferran Adrià marca presença nessa questão oferecendo musse de batatas em seu disputado El Bulli. Fredy Girardet, genial chef suíço, criou uma inesquecível torta de batatas com trufas, enquanto o ex-seminarista e chef francês Joël Robuchon inventou o purê de batatas mais incensado da terra, metáfora pura do bem viver.

Daniel Boulud, famoso chef francês radicado nos Estados Unidos, declara em alto e bom som que seu prato preferido são "batatas, de todas as formas. Adoro a batata novinha, recém-colhida, assada em óleo de oliva, bem crocante, com salada de escarola e queijo fresco".[13] O renomado chef Pierre Troisgros, que tornou famosa a cidade de Roanne só pelas suas comidas, tem como prato preferido o bife com fritas. Mas não um qualquer. Produzido com batatas de primeira, muitíssimo bem feitas, douradas, crocantes por fora e macias por dentro. Aliás, foi num almoço com essas batatas fritas francesas que o escritor Peter Mayle perdeu – segundo suas próprias palavras – sua "virgindade gastronômica": "Essas batatas, numa pirâmide dourada servida em prato separado, eram finas como um lápis ...um perfeito realce para a carne delicada do peixe."[14]

Um dos charmes da batata é ser a cúmplice sonhada. Veste a camisa do prazer, acompanha bem os demais produtos, aceita até ser sushi não ortodoxo, ou seja, deixa-se servir como purê no lugar do arroz tradicional. Vira omelete, panqueca, suflê, aligot, roesti, bomba, pão, sopa, bolo, sonho – não há como entediar-se perante tamanha versatilidade.

Mesmo quando o chef erra, há possibilidade de acerto, como na criação da batata soufflé. Em 26 de agosto de 1837, o rei Luís Filipe e a rainha Maria Amélia informaram, no último segundo, que chegariam atrasados ao banquete que se seguiu à inauguração da primeira linha férrea ligando Paris a Saint-Germain-en-Laye. O atraso levou o chef a retirar das panelas as batatas que já estavam sendo fritas e parar tudo. Quando, enfim, o casal real chegou, o chef não hesitou e mandou as batatas de novo para as panelas, para terminar a fritura. Assim nasceram as batatas soufflé, deliciosas, e até hoje meio mágicas para quem as consome.

> – Como se obtêm estas batatas, ó abade? Por intercessão dos santos... ou que milagre é esse?
> – Não é milagre, meu ilustre amigo. Qualquer pecador da serra tem esta regalia.
> – Pois olhe, eu na quinta, apesar de todos os adubos, não consigo nada que se pareça.
> – Não consegue, não. São privativas deste solo pobrinho. O segredo está nos três quindins: terra granita, água granita e caganita, com perdão de Vossa Excelência.[15]

Para que plantar e cultivar batatas (de modo caseiro, num pequeno espaço da horta), se as podemos comprar no supermercado, lavadas e limpas, a preço baixo e sem grandes trabalheiras? Para podermos escapar da ditadura do mercado e termos batatas difíceis de se encontrar em nossas mesas diárias.

Mas a grande aventura é desencavar o alimento da terra, colher o fruto do nosso trabalho. Todo o tempo em que cresceu, nada vimos. Sabíamos que deveria estar lá, sob a terra, mas invisível, incógnito. O prazer que se tem quando, enfim, as batatas surgem em nossas mãos é inefável. A excitação e a alegria da colheita nos remetem diretamente aos incas: a terra é mágica.

A batata pode gerar sonhos. Como a criação das batatas especiais, que não absorvem gordura ao serem fritas, extinguem de vez a fome na terra, promovem a paz entre os povos. Antes de terminar esta saga, um exercício sensorial: pegue uma batata. Sinta a pele fina, o conteúdo denso, a forma que se adapta a você. Há uma epopéia em sua mão. Aproveite! O baile já começou!

NOTAS

1 Machado de Assis, em *Quincas Borba* (São Paulo: Cultrix, 1965), atribui grande valor à batata ao premiar os vencedores com o tubérculo, como se pode ver no trecho a seguir:

"Não há morte. O encontro de duas expansões, ou a expansão de duas formas, pode determinar a supressão de uma delas; mas, rigorosamente, não há morte, há vida, porque a supressão de uma é princípio universal e comum. Daí o caráter conservador e benéfico da guerra. Supõe tu um campo de batatas e duas tribos famintas. As batatas apenas chegam para alimentar uma das tribos, que assim adquire forças para transpor a montanha e ir à outra vertente, onde há batatas em abundância; mas, se as duas tribos dividirem em paz as batatas do campo, não chegam a nutrir-se suficientemente e morrem de inanição. A paz, nesse caso, é a destruição; a guerra é a conservação. Uma das tribos extermina a outra e recolhe os despojos. Daí a alegria da vitória, os hinos, aclamações, recompensas públicas e todos os demais efeitos das ações bélicas. Se a guerra não fosse isso, tais demonstrações não chegariam a dar-se, pelo motivo real de que o homem só comemora e ama o que lhe é aprazível ou vantajoso, e pelo motivo racional de que nenhuma pessoa canoniza uma ação que virtualmente a destrói. Ao vencido, ódio ou compaixão; ao vencedor, as batatas."

2 Vincent van Gogh pintou, em 1885, "Os Comedores de Batata". Numa carta a seu irmão, o pintor comentou: "Tentei deixar claro como essas pessoas comendo batatas sob a luz da lamparina trabalharam a terra com as mesmas mãos que põem no prato. O quadro fala de trabalho manual e como elas, essas pessoas, ganharam honestamente sua comida." Além desse quadro, Van Gogh deixou vários estudos mostrando a importância da batata na vida dos camponeses.

3 "Let the sky rain potatoes/Que do céu chovam batatas". Em William Shakespeare. *The merry wives of Windsor.* Nova York: Grosset & Dunlap, [s.n.].

4 É bem conhecido o poema infantil que diz:
Batatinha quando nasce,
espalha ramas pelo chão
a menina quando dorme
põe a mão no coração.
Há, ainda, uma explicação: devido à dificuldade em dizer "espalha ramas", as crianças acabaram reduzindo a frase para "esparrama", o que modificou o verso original, segundo Priscila Arida Velloso, no livro *Oh, dúvida cruel, número 1* (Rio de Janeiro: Record, 2002).

5 S. Coleridge, R. Southey. "The Devil's Thoughts." Em Felipe Fernández-Armesto, *Comida – Uma história* (Rio de Janeiro: Record, 2004).

6 Robert Rhoades, *El viaje fantástico* citado em Centro Internacional de la Papa, *La papa, tesoro de los Andes*, Lima: CIP, 2000. Disponível em: < www.cipotato.org>

7 Em Centro Internacional de la Papa, *La papa, tesoro de los Andes*, p. 140.

8 Aquilino Ribeiro, "Cinco réis de gente", citado em José Quitério, *Livro de bem comer*, Lisboa: Assírio & Alvim, 1987.

9 Em Centro Internacional de la Papa. *La papa, tesoro de los Andes*.

10 Carta de um padre chamado Mateus, escrita no verão de 1846: "No dia 27 de julho ia de Cork para Dublin e vi as plantações de batatas abundantes, lindas. Voltando no dia 3 de agosto constatei, desgostoso, a grande e rápida devastação, tudo putrefato. O povo sacudia as mãos lamentando amargamente a destruição que os transformara em famintos." In POLLAN, Michael. *The botany of desire*. Nova York: Random House, 2001.

11 Michael Pollan, *The botany of desire*, p. 231.

12 Robert Rhoades em Centro Internacional de la Papa, *La papa, tesoro de los Andes*.

13 Citado na revista Gula, n. 91, maio de 2000.

14 Em Peter Mayle, *Lições de francês* (Rio de Janeiro: Rocco, 2002, p.14-15).

15 Extraído de José Quitério, *Livro de bem comer* (Lisboa: Assírio & Alvim, 1987).

REFERÊNCIAS BIBLIOGRÁFICAS

Fernández-Armesto, Felipe. *Comida – Uma história*. Trad. Vera Joscelyn. Rio de Janeiro: Record, 2004.

Assis, Machado de. *Quincas Borba*. São Paulo: Cultrix, 1965.

Centro Internacional de la Papa (cip). *La papa, tesoro de los Andes*. Lima: CIP, 2000.

Degioanni, Bernard. *La pomme de terre*. Paris: Hatier, 1997.

Miller, Ashley. *The potato harvest cookbook*. Newtown: Tauton Press, 1998.

Mikanowski, Lyndsay; Mikanowski, Patrick. *Patate*. Paris: Flammarion, 2003.

Palliez, Vincent. *View on colour*, n. 5. EUA, out. 1994.

Pelt, Jean-Marie. *Des légumes, Petite Encyclopédie Gourmande*. Paris: J'ai Lu, 2001.

Pollan, Michael. *The botany of desire*. Nova York: Random House, 2001.

Quitério, José. *Livro de bem comer*. Lisboa: Assírio & Alvim, 1987.

Revista Gula. N. 91. São Paulo: Camelot, maio 2000.

Revista Slow Food. N. 2/96. Bra: Slow Food Editore, 1999.

Robuchon, Joël. *Le meilleur & Le plus simple de la pomme de terre*. Paris: Robert Laffont, 1994.

Robyns, Gwen. *The potato cookbook*. Londres: Pan Books, 1980.

Shakespeare, William. *The merry wives of Windsor*. Nova York: Grosset & Dunlap, [s.n.]

Spencer's, Colin. *Vegetable book*. Londres: Conran Octopus, 1995.

Thorez, Jean-Paul. *La pomme de terre*. França: Actes Sud, 2000.

Wheeler, William. *Les légumes*. França: Du May, 1996.

CONSULTORIA

José Luiz Viana de Carvalho, pesquisador da Embrapa Agroindústria de Alimentos <jlvc@ctaa.embrapa.br>.

Para facilitar a compreensão de termos técnicos, este livro traz um glossário (p. 168). Os termos estão indicados com o sinal * nas receitas.

O rendimento das receitas é sempre para quatro pessoas, com exceção dos seguintes restaurantes: Borsalino (p. 39), Calamares (p. 148), Carême Bistrô (p. 97), Emporium Pax (p. 69), Gosto com Gosto (p. 150), O Navegador (p. 152) e Quadrifoglio (p. 154), cujos rendimentos estão especificados em suas respectivas receitas.

Entradas

Creme de Batata-Doce com Molho de Camarão à Moda do Congo

AKUABA | Maceió

Preparo do creme de batata-doce:
1. Cozinhar as batatas com casca na água contendo uma pitada de sal.
2. Depois de cozidas, retirar as cascas e passá-las ainda quentes por um espremedor a fim de obter um purê. Em seguida, colocar esse purê em uma panela com a manteiga e levar ao fogo. Refogar por 5 minutos. Ao final desse tempo, juntar o leite e mexer até formar um creme homogêneo e consistente. Temperar com sal e pimenta-do-reino e reservar.

Preparo do molho de camarão:
1. Limpar os camarões com o suco do limão e temperá-los com sal e 1 colher de sopa de azeite.
2. Em uma caçarola, aquecer, em fogo brando, o restante do azeite. Quando o azeite estiver quente, adicionar os camarões e deixá-los por 10 minutos até ficarem dourados. Em seguida, juntar o tomate,

Para o creme de batata-doce:
600g de batata-doce (6 unidades pequenas)
2 litros de água
1 pitada de sal
100g de manteiga sem sal (4 colheres de sopa)
100ml de leite de vaca (1/2 xícara)
sal e pimenta-do-reino moída na hora a gosto

Para o molho de camarão:
300g de camarões grandes (sem casca)
50ml de suco de limão (5 colheres de sopa)
sal a gosto
120ml de azeite (12 colheres de sopa)
200g de tomate cortado em fatias finas (2 unidades grandes)
60g de cebola cortada em fatias finas (2 unidades pequenas)
coentro a gosto
1 fio de azeite de dendê

40g de camarão defumado triturado (2 colheres de sopa)*
pimenta-de-cheiro a gosto

Utensílios necessários: espremedor de batata, caçarola

* Encontrado em lojas de produtos regionais.

a cebola, o coentro e o sal. O tomate soltará água suficiente para o cozimento dos outros ingredientes. Acrescentar o azeite de dendê e, depois, o camarão defumado triturado. Verificar o sal e adicionar a pimenta-de-cheiro cortada em pequenas fatias.

MONTAGEM:
1. Colocar o creme de batata-doce no centro do prato e, ao redor, dispor o molho de camarão.
2. Decorar com coentro picado e fios de azeite de dendê.

VINHO: Para esta receita simples e saborosa, de sotaque aromático afro-brasileiro conferido pelo dendê e pelo coentro, sugiro um vinho branco delicado, mas com uma certa presença! Escolho um ótimo Chenin Blanc argentino ou até mesmo um Viognier, sempre do mesmo país, porque é preciso um certo caráter para combater os sabores marcantes dos ingredientes.

Sopa-Creme de Batata-Doce e Gengibre

ALICE | Brasília

PREPARO:

1. Colocar em uma panela grande a batata-doce, o caldo de frango e o gengibre e ferver em fogo alto. Quando estiver em ebulição, reduzir o fogo para médio, tampar e deixar cozinhar por 10 minutos ou até que as batatas estejam macias. Deixar esfriar.
2. Bater no liqüidificador, levar ao fogo brando, adicionar o creme de leite, o suco de lima, o sal, a pimenta e deixar esquentar bem. Colocar em uma sopeira ou em pratos individuais e salpicar com as amêndoas e com o coentro.

VINHO: Com os aromas marcantes do gengibre (sugiro pouco para não prejudicar a harmonização), acho interessante servir um vinho bem aromático, da família dos alsacianos. Pode ser um Gewürztraminer que, com as amêndoas, conduz a um belo equilíbrio.

1kg de batata-doce descascada e cortada em cubos (5 unidades médias)
750ml de caldo de frango (ver receita na p. 159)
15g de gengibre fresco ralado (1 colher de sopa)
150g de creme de leite fresco (3/4 de xícara)
50ml de suco de lima (5 colheres de sopa)
2g de sal (1 colher de café)
1g de pimenta-do-reino moída na hora (1/2 colher de café)
50g de amêndoas torradas e picadas (1/2 xícara)
30g de coentro fresco picado (3 colheres de sopa)

Utensílios necessários:
liqüidificador, sopeira,
4 pratos fundos

Batata e Bacalhau na Concha

AMADEUS | São Paulo

240g de tomate (3 unidades médias)
250g de batata (3 unidades médias)
250g de bacalhau dessalgado*
15g de cebola picada (1/2 unidade pequena)
80ml de azeite (8 colheres de sopa)
10g de cebolinha verde picada (1 colher de sopa)
10g de salsinha picada (2 colheres de sopa)
1 pitada de pimenta vermelha
sal e pimenta-do-reino a gosto
10g de alho esmagado (2 dentes)
20g de azeitona preta (4 unidades)
2g de farelo de pão (1 colher de café)
4 folhas grandes de manjericão para decorar

Utensílios necessários:
espremedor de batata, escorredor, 4 conchas grandes de vieira

Dica: Para dessalgar* o bacalhau, deixe-o durante 48 horas num recipiente com água, dentro da geladeira, trocando quatro vezes a água.

PREPARO:

1. Retirar os olhos dos tomates e, com a faca, riscar em cruz o outro lado. Mergulhá-los em uma panela com água fervendo, contar até dez, retirar e colocar em água com gelo para esfriar. Retirar a pele dos tomates. Cortar em cubos de mais ou menos 1,5cm. Reservar.
2. Numa panela com água fria sem sal, cozinhar as batatas até ficarem bem macias. Passá-las pelo espremedor até obter uma massa. Reservar.
3. Mergulhar o bacalhau em água fervente e cozinhar por 10 minutos. Escorrer bem a água e deixar esfriar. Desfiar o bacalhau e juntá-lo às batatas.
4. Refogar a cebola em 2 colheres de sopa de azeite e regar a mistura de batata e bacalhau. Temperar com cebolinha verde, salsinha, pimenta vermelha e pimenta-do-reino e, se necessário, sal. Misturar bem.
5. Em uma frigideira, colocar o restante do azeite e dourar o alho. Adicionar o tomate e as azeitonas pretas. Deixar por 2 minutos.

6. Colocar o bacalhau no interior das conchas, deixando livres as bordas. Polvilhar o farelo de pão e levar ao forno bem quente por 2 minutos para gratinar.*
7. Distribuir o tomate em cubos e as azeitonas ao redor do bacalhau e decorar com as folhas de manjericão.

VINHO: Com este prato original, de sabores marcantes e levemente picante, a harmonia ideal sugere um vinho tinto, de taninos leves, mas com boa característica estrutural. Prefira um tinto português, especialmente da região do Alentejo.

Batatinhas Crocantes

BEIJUPIRÁ | Porto de Galinhas

Para as batatinhas:
500g de batata pequena tipo calabresa (20 unidades)
200g de passa de caju picada
200g de queijo Catupiry (1 xícara)
250g de bacon cortado em fatias
100g de gordura vegetal (4 colheres de sopa)

Para o molho:
10ml de mostarda (1 colher de sopa)
50ml de azeite (5 colheres de sopa)
50ml de creme de leite fresco (5 colheres de sopa)
sal a gosto

Utensílios necessários:
palitos, toalha de papel

Preparo das batatinhas:
1. Cozinhar a batata com casca até ficar macia. Retirar a casca. Remover um pouco da polpa e rechear a batata com a passa de caju e o Catupiry.
2. Envolver cada batata com uma fatia de bacon e prender com um palito.
3. Esquentar a gordura vegetal e fritar as batatas, deixando o bacon bem crocante. Escorrer em toalha de papel. Servir os espetinhos com o molho.

Preparo do molho:
Misturar todos os ingredientes e bater bem.

VINHO: O atraente recheio de passa de caju com seus aromas inebriantes e o toque de doçura despertaram minha curiosidade enológica. Para acompanhar este prato, escolho um vinho bem macio, de médio corpo, mas com aromas de alcaçuz. Pode ser um Pinotage sul-africano.

Musse Quente de Batatas Recheada com Queijo de Coalho

BISTRÔ D'ACAMPORA | Florianópolis

PREPARO:

1. Cozinhar as batatas com casca em água e sal.
2. Preaquecer o forno em temperatura de moderada a forte (200ºC).
3. Descascar as batatas ainda quentes e passá-las pelo espremedor para obter 600g de purê. (Caso necessário, levá-lo para secar no forno.) Colocar o purê no liqüidificador ou processador e acrescentar a manteiga e o creme de leite. Bater até obter um creme de consistência lisa. Transferir essa mistura para um recipiente e adicionar os ovos, um a um, batendo com uma colher de pau. Temperar com sal, pimenta e noz-moscada.
4. Untar as tigelas com manteiga. Polvilhar com a farinha.
5. Cortar o queijo de coalho em 4 cubos de 2cm e passá-los pela farinha.
6. Distribuir metade da mistura nas tigelas, colocar um cubo de queijo e cobrir

800g de batata (8 unidades médias)
sal a gosto
80g de manteiga sem sal derretida (8 colheres de sopa)
30ml de creme de leite fresco (3 colheres de sopa)
3 ovos
sal, pimenta-do-reino e noz-moscada moídas na hora a gosto
25g de manteiga sem sal para untar (1 colher de sopa)
50g de farinha de rosca (1/2 xícara)
100g de queijo de coalho
5g de alho picado (1 dente)
10ml de azeite (1 colher de sopa)
1 molho de couve manteiga cortado bem fino (5 folhas grandes)
100g de tomate sem pele e sem semente, cortado em cubos pequenos para decorar (1 unidade grande)

Utensílios necessários:
espremedor de batata, liqüidificador ou processador de alimentos, colher de pau, 6 tigelas individuais para suflê com 6cm de diâmetro

com o restante da massa até 3/4 da capacidade da tigela. Levar ao forno para assar em banho-maria* com água até a metade das formas, durante 20 minutos. Retirar do forno e aguardar 10 minutos antes de desenformar.

7. Dourar o alho no azeite e refogar a couve ligeiramente. Temperar com sal e pimenta.

MONTAGEM:

Desenformar a musse no centro de um prato, dispor a couve em volta, regar com um fio de azeite e decorar com o tomate.

VINHO: Prato simples, mas muito simpático e delicioso. O toque acidulado do queijo de coalho me remete a um vinho branco aromático e seco para acompanhar. Pode ser um excelente Sauvignon do Vale de San Antonio, no Chile.

Bolinho Mar e Montanha

BORSALINO | Rio de Janeiro

Preparo da massa:
1. Cozinhar bem a batata.
2. Retirar a casca, amassar e misturar bem acrescentando o ovo, a salsa picada e sal a gosto. Reservar.

Preparo do recheio:
1. Cortar em cubos pequenos o aipo, a cenoura e a cebola, e dourá-los no azeite, acrescentando o alho. Adicionar o cogumelo também cortado. Após 3 a 4 minutos, acrescentar o camarão e cozinhar por mais 5 minutos. Juntar o vinho branco e deixar cozinhar até evaporar.
2. Abrir a massa da batata na palma da mão, colocar o recheio e fechar formando bolinhos. Passar na farinha de trigo, no ovo e na farinha de rosca. Fritar em óleo de soja quente.

Para a massa:
1kg de batata (10 unidades médias)
1 ovo
80g de salsa fresca picada (1 molho)
sal a gosto

Para o recheio:
80g de aipo (2 talos)
50g de cenoura (1 unidade média)
50g de cebola (1 unidade média)
30ml de azeite extravirgem (3 colheres de sopa)
5g de alho triturado (1 dente)
400g de cogumelo-de-paris fresco
400g de camarão pequeno limpo
100ml de vinho branco seco (1/2 xícara)
sal e pimenta-do-reino a gosto
ovos, farinhas de trigo e de rosca para empanar
óleo de soja para fritar

Rendimento: 8 porções

VINHO: Com esta original receita, recomendo um vinho branco mas de bom corpo – os champignons emprestam aromas marcantes que requerem um certo vigor.

Meu vinho preferido seria um Borgonha de certo pedigree, como um Batard Montrachet ou mesmo um Puligny, não necessariamente jovem; pode ser um pouco mais evoluído!

Petisco de Nhoque

DOM GIUSEPPE | Belém

PREPARO:

1. Lavar as batatas e cozinhar em água abundante salgada a gosto por aproximadamente 40 minutos, verificando a textura até ficar macia. Escorrer rapidamente, colocar em água fria e descascar.
2. Com as batatas ainda quentes, sobre uma mesa de trabalho de preferência de mármore, amassar as batatas com o espremedor, acumulando a massa no centro da mesa. Esperar a massa ficar morna e fazer um buraco no meio. Colocar o ovo, a manteiga e o sal nesse buraco. Em seguida, com uma peneira distribuir 1/3 da farinha por cima da batata, homogeneizando todos os ingredientes. Acrescentar a farinha restante misturando a massa até obter uma textura lisa e firme.
3. Como quem brinca com massinha, pegar pequenas porções da massa e fazer cobrinhas de mais ou menos 3cm de diâmetro envolvendo a mão com farinha extra. Depois cortar em pedaços de aproximadamente 3cm.

Para o nhoque:
500g de batata-inglesa
   (5 unidades médias)
1 ovo
30g de manteiga sem sal
   (aproximadamente
   1 colher de sopa)
sal a gosto
150g de farinha de trigo
   (1 1/2 xícara)

Para fritar:
500ml de azeite (2 1/2 xícaras)
1 maço de sálvia

Utensílios necessários:
escorredor de massa, espremedor de batata, peneira, palitos, toalha de papel

Dica: O nhoque já cozido pode ser empanado com parmesão ralado antes de fritar, mas sempre envolvendo com a sálvia por último.

Segredo: Como tudo na cozinha, o segredo é a qualidade dos ingredientes, e bastante paciência.

4. Em uma panela funda e com água abundante fervente e já temperada com sal, colocar os cubos de nhoque para cozinhar. Esperar que venham à tona, recolhendo com uma escumadeira e colocando para escorrer em um escorredor de massa.
5. Enrolar os nhoques um a um, já cozidos e bem escorridos, em uma folha de sálvia compatível com o tamanho deles. Com o auxílio de um palito, fixar as folhas enroladas no nhoque.
6. Em uma frigideira, aquecer o azeite e fritar os nhoques submergindo-os no óleo, evitando molhar os palitos, até as folhas de sálvia ficarem com uma tonalidade verde brilhante (isso é muito rápido). Colocar para escorrer bem em toalha de papel. Servir imediatamente.

VINHO: Por sua característica aperitiva, creio ser muito interessante acompanhar este petisco com um vinho espumante seco, jovem e bem frutado para combinar com os aromas da sálvia. Minha preferência é por um espumante de origem alemã produzido com a variedade Riesling Renano.

Batatas Recheadas

DONA DERNA | Belo Horizonte

PREPARO:
1. Embrulhar as batatas em papel-alumínio e assar em forno a 150°C por aproximadamente 30 minutos.
2. Em uma caçarola com o azeite, dourar bem as codornas partidas ao meio. Quando estiverem bem coradas, juntar a cenoura e a cebola picadas, o tomilho, o louro e a sálvia, e regar com o vinho. Deixar evaporar o vinho em fogo alto e cobrir com água até a metade das codornas.
3. Acrescentar o extrato de tomate e temperar com sal e pimenta. Quando as codornas estiverem cozidas, retirar da caçarola e desossar,* separando os peitos e as coxas inteiras. Colocar os ossos de volta na caçarola e continuar cozinhando até engrossar o molho (aproximadamente 10 minutos). Passar esse molho pela peneira e juntar as trufas cortadas em lâminas bem finas ou a manteiga de trufa, os peitos e as coxas. Reservar.
4. Dividir o foie gras em 4 pedaços, passar na farinha e, em uma frigideira, dourá-los rapidamente na manteiga.

600g de batata (4 unidades grandes)
50ml de azeite (5 colheres de sopa)
500g de codorna (4 unidades pequenas)
100g de cenoura (1 unidade grande)
100g de cebola (1 unidade grande)
5 ramos de tomilho
1 folha de louro
3 folhas de sálvia
200ml de vinho Malbec tinto (1 xícara)
5g de extrato de tomate (1 colher de sobremesa)
sal e pimenta-do-reino moída na hora a gosto
30g de trufas (1 unidade ou, na ausência, usar aproximadamente 1 colher de sopa de manteiga de trufas)
120g de foie gras (2 escalopes com 1cm de espessura)
50g de farinha de trigo (5 colheres de sopa)
25g de manteiga sem sal (1 colher de sopa)

Utensílios necessários:
papel-alumínio, caçarola, peneira

MONTAGEM:
1. Retirar uma fatia da batata, cortando no sentido longitudinal. Reservar e escavar a outra parte com uma colher para caber os peitos e as coxas.
2. Pôr na cavidade de cada batata as duas bandas do peito com um pedaço de foie gras no meio. Acomodar as coxas imitando uma codorna inteira e colocar por cima um pouco do molho. Fechar a batata com a fatia de batata reservada. Servir no prato, regando em volta com mais molho.

VINHO: Visto que a receita já tem como ingrediente um Malbec tinto, prefiro continuar com a mesma tipologia, de origem argentina, porém um pouco mais envelhecido, tipo um 2000.

Batata-Doce em Creme e Crocante com Ninho de Paçoca de Carne-de-Sol

FOGO CAIPIRA | Campo Grande

Preparo do creme:

1. Em uma panela de pressão colocar a carne-de-sol, a cebola, o alho e o louro. Cobrir com a água e levar ao fogo por 15 minutos aproximadamente. Retirar a carne e reservar. Peneirar o caldo antes de usar e reservar 240ml (aproximadamente 1 1/4 de xícara).

2. Colocar as batatas-doces em uma panela com a água e o açúcar e levar ao fogo até que fiquem macias. Retirar do fogo, descascar e passá-las ainda quentes pelo espremedor.

3. Em outra panela derreter a manteiga em fogo brando e adicionar a batata espremida. Misturar bem e acrescentar aos poucos o caldo de carne-de-sol reservado no passo 1, sempre em fogo brando, até obter um creme homogêneo. Temperar com a noz-moscada e reservar.

Preparo do crocante:

1. Lavar as batatas e descascar. Cortar em

Para o creme:
200g de carne-de-sol
50g de cebola (1 unidade média)
5g de alho (1 dente)
1 folha de louro
500g de batata-doce
    (3 unidades: 2 médias
    e 1 pequena)
1/2 litro de água
10g de açúcar (1 colher
    de sopa)
50g de manteiga sem sal
    (2 colheres de sopa)
1 pitada de noz-moscada

Para o crocante:
500g de batata-doce
    (3 unidades: 2 médias
    e 1 pequena)
1 litro de óleo

Para a paçoca de carne-de-sol:
200g de carne-de-sol cozida
    (usar a carne reservada
    no preparo do creme)
30ml de óleo (2 colheres
    de sopa)
10g de alho (2 dentes)
100g de cebola (1 unidade
    grande)
60g de farinha de mandioca
    (6 colheres de sopa)

4 ramos de cheiro-verde
sal e pimenta-do-reino a gosto

Utensílios necessários:
panela de pressão, peneira, espremedor de batata, escorredor, pano de prato, toalha de papel

rodelas finas e colocá-las em água gelada. Escorrer e enxugar bem com um pano de prato.
2. Aquecer bem o óleo em uma panela pequena e fritar a batata, aos poucos, em fogo médio, até começar a dourar. Escorrer em toalha de papel.

Preparo da paçoca de carne-de-sol:
1. Desfiar a carne cozida reservada.
2. Em uma panela, aquecer o óleo e refogar a carne-de-sol, o alho e a cebola. Em seguida, acrescentar aos poucos a farinha. Retirar do fogo e finalizar com o cheiro-verde. Temperar com sal e pimenta-do-reino a gosto, misturando delicadamente.

MONTAGEM:
Fazer uma cama com o creme de batata-doce, colocando no centro de cada prato um ninho de paçoca de carne-de-sol e guarnecendo com a batata-doce chips e um ramo de salsa.

VINHO: O sabor marcante da carne-de-sol com a batata-doce me leva a crer que um bom vinho tinto jovem faria um par perfeito. Minha escolha é um bom Carmenère chileno por sua fragrância capaz de amenizar o sabor típico e levemente salgado dessa carne.

Creme de Batata-Inglesa com Vôngole e Aroma de Tartufo

LA TAVOLA | Aracaju

PREPARO:
1. Cozinhar a batata, picar e reservar.
2. Em uma panela funda, juntar o azeite, a cebola e acrescentar as batatas, o caldo de frango e o creme de leite. Deixar ferver por 3 minutos. Bater tudo no liqüidificador. Colocar em uma panela funda, acrescentar o vôngole, o azeite de tartufo, o sal, a pimenta e a salsa. Servir em pratos fundos.

VINHO: Um prato complexo e inusitado, a mistura do azeite de trufas com seu potente aroma e o sabor delicadamente picante do vôngole fresco me deixaram à vontade para escolher um vinho de grande tipicidade. Sugiro um Tempranillo de Rioja um pouco envelhecido – os aromas de cogumelos silvestres e o toque picante conseguem gerar uma excelente harmonia entre os dois ingredientes principais desta receita.

400g de batata-inglesa sem pele (4 batatas médias)
100ml de azeite extravirgem (1/2 xícara)
100g de cebola picada (1 unidade grande)
900ml de caldo de frango (4 1/2 xícaras) – (ver receita na p. 159)
50ml de creme de leite fresco (5 colheres de sopa)
100g de vôngole fresco
20ml de azeite de tartufo (2 colheres de sopa)
sal e pimenta-do-reino a gosto
salsa picada a gosto

Utensílios necessários:
liqüidificador, 4 pratos fundos

Batata Recheada com Ovo e Creme de Trufas

LOCANDA DELLA MIMOSA | Petrópolis

400g de batata (variedade *Baraka*) bem ovaladas (4 unidades médias)
100ml de leite (1/2 xícara)
50g de manteiga sem sal (2 colheres de sopa)
50g de queijo parmigiano reggiano (5 colheres de sopa)
4 gemas inteiras
200ml de creme de leite fresco e não azedo (1 xícara)
1 bisnaga de creme de trufa branca de 40g (à venda nas importadoras)
sal e pimenta-do-reino moída na hora a gosto

PREPARO:

1. Cortar as batatas no sentido longitudinal, reservando a tampa para posteriormente usá-la como decoração. Assar em forno médio (140ºC) durante 35 ou 40 minutos dependendo do tamanho das batatas (até ficarem cozidas, mas firmes). Com uma colher, retirar a parte interna da batata deixando somente uma beirada que não desmanche.

2. Com as sobras da polpa, preparar um purê rico, acrescentando o leite previamente fervido, a manteiga e, por último, o queijo parmigiano reggiano. Quando o purê estiver pronto, temperar a batata oca com sal e colocar um pouco do purê na base, formando uma área côncava para acomodar a gema. Com o restante do purê, acabar de rechear a batata. Colocar no forno ainda quente durante 5 minutos, retirar e colocar num prato.

3. Misturar o creme de leite com a pasta de trufas e reduzir* até formar um creme bem aveludado e espesso.

MONTAGEM:

Colocar o creme de trufas no centro do prato, dispor a batata recheada com purê em cima e cobrir com a tampa reservada, como se fosse um pequeno chapéu. Servir bem quente.

VINHO: Para mim, certamente, a receita mais fácil para sugerir algum vinho. Decidi servir uma batata com muita personalidade e de grande característica aromática. Escolho um grande Barolo ou, pelo menos, um excelente Nebbiolo de bom envelhecimento, para conferir ainda mais elegância a este nobre grande prato à base de trufas, que também é um tubérculo como a batata!

Suflê de Batata

MARCEL | São Paulo (Brooklin)

Para o molho bechamel:
1/2 litro de leite (2 1/2 xícaras)
50g de manteiga sem sal (2 colheres de sopa)
50g de farinha de trigo peneirada (5 colheres de sopa)
2g de sal (1 colher de café)
1g de pimenta-braça (1/2 colher de café)

Para o suflê:
25g de manteiga sem sal (1 colher de sopa)
200g de batata cozida cortada em cubinhos (2 unidades médias)
sal e pimenta-do-reino a gosto
100g de queijo emmenthal
40ml de molho de bechamel (4 colheres de sopa)
3 gemas
3 claras

Utensílios necessários:
colher de pau, batedeira, escumadeira, recipiente de barro esmaltado ou de louça

Preparo do molho bechamel:
1. Ferver o leite e deixá-lo no fogo. Numa outra panela, esquentar a manteiga e ir misturando a farinha, pouco a pouco, e sempre mexendo com a colher de pau. Em seguida, sempre aos poucos e mexendo, incorporar o leite fervendo. Uma operação delicada, pois pode formar caroços. (Se isso acontecer, não se desespere: continue a operação e depois bata todo o conteúdo no liqüidificador.) Temperar com sal e pimenta-braça e deixar esfriar.

Preparo do suflê:
1. Antes de tudo, esquentar o forno em temperatura média para alta. O suflê deve ser colocado no forno preaquecido.
2. Em uma frigideira, derreter a manteiga, dourar as batatas e temperar com sal e pimenta a gosto, juntar o queijo e o molho bechamel, mexendo até incorporar.
3. Retirar a frigideira do fogo e, sempre batendo vigorosamente, juntar, uma a uma, as gemas. (Pode voltar com a panela

rapidamente ao fogo apenas para manter a temperatura. Mas deve-se ter cuidado para que a gema não cozinhe, não se solidifique. O resultado deve ser um líquido grosso.)

4. Enquanto estiver trabalhando no fogão, bater as claras em neve até que fiquem realmente firmes. Esse é um dos segredos do suflê. A clara batida deve ser firme e ficar nas pás da batedeira quando elas forem levantadas. Não deve escorrer.

5. Agora, outro segredo: juntar, muito delicadamente, num recipiente grande, a clara batida à preparação inicial. Incorporar fora do forno e quase em câmara lenta. Usar uma escumadeira e acrescentar a clara, aos poucos, em três passos: primeiro, incorporar um pouco de clara batida e, bem devagar, ir mexendo; depois repetir a operação mais duas vezes, até obter uma mistura homogênea. Cuidado: se a clara desabar, o suflê não vai crescer.

6. Utilizar um recipiente de barro esmaltado, ou de louça, para levar o suflê ao forno. Com a escumadeira, ir colocando aos poucos e sem forçar, sem prensar o suflê no recipiente. Encher bem. O suflê deve fazer um montinho acima da boca do recipiente. Colocar no forno. O tempo vai depender do forno que está sendo

utilizado. Se desejar, pode abrir para verificar, mas é bom não exagerar. Quando o suflê crescer e o topo começar a dourar, ele estará pronto.

VINHO: Este prato da típica cozinha dos Alpes europeus, pela presença do ótimo queijo emmenthal, requer como acompanhante um bom vinho branco. Sugiro um grande Bourgogne, ou mesmo um Chardonnay, desde que tenha uma personalidade marcante; um Chevalier Montrachet seria ótimo. Também seria indicado um Chardonnay do Novo Mundo, especialmente um californiano robusto e elegante.

Vinagrete Oriental com Batata-Bolinha Recheada

NAKOMBI | São Paulo

PREPARO:

1. Lavar as batatas com casca e cozinhar em uma panela com água e um pouco de sal. Depois de cozidas, cortar ao meio e cavar uma cavidade com o auxílio de uma pequena colher. Colocar o uni dentro da cavidade. Juntar as duas metades recheadas e prender com dois palitos.
2. Colocar 30g de farinha em um prato raso e passar uma batata recheada de cada vez.
3. Preparar uma massa com o restante da farinha, 1 ovo e ir acrescentando a água gelada aos poucos, até obter a consistência de uma calda grossa.
4. Passar as batatas pela massa, deixar escorrer um pouco e fritar em óleo quente (180ºC) até ficarem crocantes e reservar.
5. Preparar o dashi, misturando água e Hondashi.
6. Colocar em uma panela o dashi, o shoyu e o mirin e ferver. Quando ferver, acrescentar o Ajinomoto, a cebola, o pepino, o nabo e o gengibre. Reservar.

420g de batata-calabresa (12 unidades)
75g de uni* (5 colheres de sopa)
330g de farinha de trigo (aproximadamente 3 xícaras)
1 ovo
1 litro de água mineral gelada
1 litro de óleo para fritura
400ml de água (4 xícaras) (para o preparo do dashi*)
18g de Hondashi* (4 1/2 colheres de café)
100ml de shoyu* (1/2 xícara)
100ml de mirin* (1/2 xícara)
10g de Ajinomoto (1 colher de sopa)
200g de cebola roxa picada (2 unidades grandes)
200g de pepino japonês picado sem semente (1 xícara)
1 casca de limão siciliano cortado em cubinhos (sem a película interna branca)
80g de nabo picado (4 colheres de sopa)
20g de gengibre picado (1 colher de sopa)
200g de tomate picado sem semente (2 unidades grandes)
30g de cebolinha picada (3 colheres de sopa)

Utensílios necessários:
palitos de dente, escorredor, concha, 4 pratos fundos

MONTAGEM:

Colocar uma concha de molho em 4 pratos fundos e 3 batatinhas recheadas no centro. Salpicar o tomate e a cebolinha. Servir imediatamente.

VINHO: O toque oriental, a presença de ouriços e os aromas especiais do shoyu me obrigam a refletir e aconselhar, para este lindo prato, um vinho espumante de baixa acidez e de médio envelhecimento. Poderia ser um espumante Metodo Classico de origem brasileira! Fica ótimo! Experimente!

Salada Quente de Batata com Lingüiça de Lombo

PAX | Rio de Janeiro

Preparo da salada:

1. Furar as lingüiças com um garfo, colocar numa panela com água fervente e cozinhar por 20 minutos. Retirar as lingüiças da panela e secá-las em toalha de papel. Aquecer o azeite extravirgem numa frigideira, juntar as lingüiças e fritar até dourar ligeiramente. Cortá-las em fatias grossas.
2. Cozinhar as batatas com casca em água com sal até ficarem macias, mas ainda firmes, por cerca de 15 minutos. Depois descascá-las e cortá-las em cubos.

Preparo do molho:
Esfregar o dente de alho em um recipiente pequeno e, em seguida, colocar a mostarda, o vinagre, o sal e o açúcar. Misturar bem e depois acrescentar o azeite. Adicionar o aneto, a ciboulette e temperar com pimenta. Misturar e reservar.

MONTAGEM:
Arrumar o *mix* de folhas sobre o prato e

Para a salada:
200g de lingüiça de lombo
15ml de azeite extravirgem
 (1 1/2 colher de sopa)
500g de batata escovada
 (5 unidades médias)

Para o molho:
5g de alho cortado ao meio
 (1 dente)
30g de mostarda de Dijon
 (3 colheres de sopa)
20ml de vinagre de vinho branco
 (2 colheres de sopa)
1 pitada de sal
1 pitada de açúcar
15ml de azeite (1 colher
 de sopa)
20g de aneto* picado (1/2 maço)
20g de ciboulette* picada
 (1/2 maço)
pimenta-do-reino a gosto

Para a montagem:
1/2 molho de alface crespa
1/2 molho de alface roxa
1/2 molho de agrião
1/2 molho de ciboulette*

Utensílio necessário:
toalha de papel

colocar por cima um pouco de batata e fatias de lingüiça. Cobrir com o molho e enfeitar com ciboulette.

VINHO: Precisamos ter parcimônia no uso do vinagre e da mostarda, que não são grandes aliados do vinho, porém o sabor da lingüiça com a textura da batata recomendam um vinho tinto de corpo médio. Acho interessante colocar um bom e ousado Cabernet Sauvignon brasileiro, de uma boa safra, por exemplo, 2002.

Sopa de Batata-Baroa com Escalopes de Foie Gras e Óleo de Jaboticaba

SPLENDIDO RISTORANTE | Belo Horizonte

Preparo da sopa:
Numa panela, aquecer o azeite e dourar o alho-poró, a cebola e o alho até ficarem bem macios. Agregar as batatas descascadas e cozidas e o caldo de legumes, deixar ferver por 5 minutos e bater no liqüidificador.

Preparo dos escalopes de foie gras:
Temperar os escalopes de foie gras, passar pela farinha, tirando bem o excesso e grelhá-los numa frigideira antiaderente preaquecida (30 segundos) de cada lado, até ficarem bem douradinhos. Cortar cada escalope pela metade.

Preparo do óleo de jaboticaba:
Levar ao fogo o suco misturado com o açúcar. Reduzir* até obter um xarope de não mais de 1/4 de xícara. Acrescentar o óleo ou azeite extravirgem e deixar descansar por 24 horas batendo vigorosamente de tanto em tanto.

Para a sopa:
50ml de azeite (5 colheres de sopa)
40g de alho-poró (parte branca) à juliana* (1 talo)
80g de cebola branca (1 unidade média)
10g de alho amassado (2 dentes)
1kg de batata-baroa (6 1/2 unidades médias)
750ml de caldo de legumes (ver receita na p. 160)
sal e pimenta-do-reino a gosto

Para o escalope de foie gras (200g):
sal marinho a gosto
sal e pimenta-do-reino a gosto
4 escalopes de foie gras fresco de 50g cada um
farinha de trigo que baste

Para o óleo de jaboticaba:
480ml de suco de jaboticaba (ou jaboticabas frescas com a casca) – 2 xícaras
50g de açúcar (5 colheres de sopa)
60ml de óleo ou azeite extravirgem (1/4 de xícara)

Utensílios necessários:
liqüidificador, frigideira antiaderente, 4 pratos fundos

Batata | Aromas e Sabores da Boa Lembrança

MONTAGEM:
Em pratos fundos, despejar 2 conchas de sopa bem quente, colocar 2 escalopinhos de foie gras com cuidado para que não afunde, salpicá-los com sal marinho e despejar algumas gotas de óleo de jaboticaba ao redor dos escalopes.

VINHO: A grande variedade de aromas e especiarias e a doçura do foie gras me recomendam prudência. Certamente eu escolheria um vinho branco, mas qual? E por quê? Um branco seco da Côte du Rhone (Chateauneuf du Pape), porque possui tantas características aromáticas que casam com perfeição com essa sinfonia de perfumes.

Tempura de Batatas

SUSHI LEBLON | Rio de Janeiro

Preparo do tartar de salmão:
Bater o salmão com uma faca e misturar com todos os ingredientes.

Preparo da massa de tempura:
Misturar todos os ingredientes.

Preparo do chantilly de trufas:
Bater os ingredientes até obter a consistência de chantilly.

Preparo do molho:
Misturar os ingredientes.

Preparo do tempura de batatas:
1. Deixar as batatas ocas e cozinhar em água com sal.
2. Rechear as batatas cozidas com o tartar temperado, passar na farinha e depois no tempura e fritar em óleo bem quente.
3. Servir 2 batatinhas por pessoa com o chantilly e molho de missô.

Para o tartar de salmão:
200g de salmão (2 filés de 100g)
50g de ovas de massago (2 colheres de sopa)
30g de gengibre em conserva (3 colheres de sopa)
5ml de shoyu* (1 colher de sobremesa)
sal e pimenta-do-reino a gosto

Para a massa de tempura:
250ml de água (1 1/4 xícara)
250g de farinha de trigo (2 1/2 xícaras)
30g de maisena (3 colheres de sopa)

Para o chantilly de trufas:
100ml de creme de leite fresco (1/2 xícara)
6 gotas de azeite de trufas

Para o molho:
100g de missô* (1/2 xícara)
30ml de saquê* mirim (3 colheres de sopa)

Para o tempura de batatas:
400g de batata tipo calabresa (16 unidades)
50g de farinha de trigo (1/2 xícara)
500ml de óleo (2 1/2 xícaras)

Utensílios necessários:
batedeira, processador
de alimentos

VINHO: Para uma iguaria como esta, precisamos de um vinho que possa limpar o nosso paladar. Com comidas orientais, especialmente a japonesa, na qual encontramos ovas, salmão, shoyu, adoro sugerir um vinho espumante brut! Por quê? Porque limpa perfeitamente nosso paladar, permitindo, assim, continuar saboreando um mesmo alimento ou mudar para outro.

Galette de Batatas com Queijo de Cabra

TASTE VIN | Belo Horizonte

PREPARO:

1. Montar quatro rosáceas com as batatas, da seguinte maneira: dispor uma rodela no centro, colocar as demais em volta da primeira com leve superposição, e terminar com mais uma no centro. Usar as fatias maiores e mais regulares das batatas.
2. Aquecer o óleo em uma pequena frigideira antiaderente e fritar as rosáceas até ficarem crocantes, uma por vez, virando uma vez. Não deixar escurecer demais. Reservar.
3. Colocar uma fatia de queijo no centro de cada rosácea de batata e levá-las ao forno preaquecido em temperatura alta (250°C) para corar o queijo (cerca de 4 minutos). Retirá-las e colocar em pratos individuais. Dispor um punhado de folhas verdes em cima de cada rosácea e temperar com o vinagrete. Servir imediatamente.

VINHO: Um prato fácil de combinar com um vinho. Todos sabem do grande

400g de batata fatiada finamente (4 unidades médias)
10g de óleo (1/2 colher de sopa)
200g de queijo de cabra, de preferência cilíndrico, com aro mais duro que o miolo (4 fatias de cerca de 50g cada uma)
folhas verdes variadas, pequenas, como frisée, mâche, endívias picadas
100ml de vinagrete (4 colheres de sopa) – (ver receita na p. 164)

Utensílio necessário:
frigideira antiaderente

amor dos proprietários do restaurante que assina esta receita pelos vinhos da Nova Zelândia; mas o que tem a ver uma coisa com a outra? Porque, com os queijos de cabra, os Sauvignons Blancs são perfeitos, e por que não os Sauvignons desse belo país que tanto amam?

Batata com Omelete e Funghi

VINHERIA PERCUSSI | São Paulo

Preparo da batata roesti:
1. Cozinhar as batatas com casca em água salgada abundante. Depois, escorrer e deixar esfriar. Em seguida, descascar e passar as batatas pelo ralador grosso. À parte, descascar e fatiar as cebolas.
2. Em uma panela antiaderente, refogar o bacon e a cebola. Depois, misturar com as batatas. Levar a panela novamente ao fogo e achatar tudo com um garfo. Cozinhe a roesti em fogo alto deixando dourar bem os lados. Colocar sobre um pedaço de toalha de papel.

Preparo da omelete:
1. Limpar os cogumelos e fatiar a cebolinha.
2. Em uma panela antiaderente, refogar a cebola e o alho na manteiga. Juntar os cogumelos, ajustar o sal e refogar por mais alguns minutos. Em seguida, juntar os ovos e mexer até ficar com a consistência cremosa. Guarnecer cada pedaço de roesti com 1 colher do creme de ovos e cogumelos, uma pulverizada de cebo-

Para a batata roesti:
400g de batata (4 unidades médias)
50g de cebola (1 unidade média)
40g de bacon cortado em cubinhos (2 colheres de sopa)

Para a omelete:
80g de cogumelo tipo shiitake, shimeji e funghi porcini (aproximadamente 3/4 de xícara)
40g de cebolinha francesa picada (4 colheres de sopa)
50g de cebola ralada (1 unidade média)
5g de alho picado (1 dente)
25g de manteiga sem sal (1 colher de sopa)
8 ovos frescos
sal e pimenta-do-reino a gosto

Utensílios necessários:
escorredor, ralador grosso, panela antiaderente, toalha de papel

linha picada e uma de pimenta-do-reino moída na hora.

VINHO: Sempre gosto de combinar os sabores marcantes do ovo com um vinho branco quase esquecido que se produz no Friuli italiano. O Tocai, que nada tem a ver com os da Hungria, é um branco seco cuja característica casa perfeitamente com o sabor do ovo, e o leve toque do cogumelo também é muito bem suportado.

Acompanha-mentos

Batata à Moda Libanesa

ARÁBIA | São Paulo

600g de batata (4 unidades grandes)
35ml de óleo (3 1/2 colheres de sopa)
35ml de azeite (3 1/2 colheres de sopa)
480g de cebola cortada em cubos (5 unidades grandes)
sal e pimenta-do-reino a gosto
20g de coentro picado (2 colheres de sopa)

Utensílios necessários: espremedor de batata, travessa para servir

PREPARO:

1. Colocar as batatas para cozinhar com a casca. Após o cozimento, descascar e amassar bem com um garfo ou passar pelo espremedor.
2. Em uma frigideira com o óleo e o azeite já misturados, refogar a cebola até que doure levemente.
3. Retirar dessa fritura um pouco da mistura do óleo com o azeite e temperar a batata (para que absorva o gosto da cebola frita). Em seguida adicionar o sal e a pimenta.
4. Juntar o coentro na frigideira com o óleo e a cebola restantes. Desligar o fogo. Colocar a batata em uma travessa e cobrir com a cebola, o coentro e o azeite. Servir quente, acompanhando um grelhado ou quibe assado ou frito.

VINHO: Os aromas do coentro combinados à doçura da cebola e da própria batata sugerem a escolha de um vinho tinto delicado. Um Dolcetto piemontês pode ser uma excelente pedida, porém, se você deseja encontrar um grande aliado para o cordeiro, opte por um Merlot do Velho Mundo.

Roesti de Berna

CASA DA SUÍÇA | Rio de Janeiro

**600g de batata-inglesa
(6 unidades médias)
30g de banha de porco
(1 1/2 colher de sopa)
60g de bacon cortado em cubos pequenos (1/2 xícara)
sal e pimenta-do-reino a gosto
salsa picada a gosto**

**Utensílio necessário:
ralador grosso**

PREPARO:
Na véspera, cozinhar as batatas com casca. Tirar a água, deixar esfriar e colocar na geladeira. No dia, descascar e ralar as batatas no ralador grosso. Colocar a banha na frigideira e dourar o bacon. Espalhar a batata ralada numa frigideira grande, temperar com sal e pimenta e fritar uniformemente os dois lados, alternando-os algumas vezes. Ao servir, espalhar a salsa sobre a roesti.

VINHO: Existe um ditado que diz: vinhos e comidas de uma mesma região. Com este típico prato suíço, recomendo um excelente Merlot do Ticino suíço, pela agradabilidade do próprio vinho, que suporta a delicadeza de sabor marcante do bacon, e seus taninos se encarregarão de amenizar também a untuosidade da banha de porco.

Croquete de Batata e Espinafre

EMPORIUM PAX | Rio de Janeiro

Preparo da batata:

1. Descascar e cortar as batatas em pedaços regulares para que cozinhem uniformemente. Colocá-las em uma panela, cobrir com água e juntar uma generosa pitada de sal. Deixar cozinhar em fogo médio por 20 minutos ou até ficarem tenras.
2. Escorrer a água e secar as batatas agitando a panela sobre o fogo brando por 2 minutos. Reduzi-las* a um purê suave e liso, passando por um espremedor. Temperar a gosto com sal, pimenta-do-reino e noz-moscada. Juntar a manteiga e a gema e espalhar em um tabuleiro para esfriar.

Preparo do croquete:

1. Em um recipiente, misturar o queijo parmesão e o espinafre retirando todo o excesso de água. Adicionar ao purê, temperar com sal e pimenta-do-reino e mexer bem para incorporar. Em uma superfície polvilhada com farinha de trigo, usando as mãos enfarinhadas, moldar cilindros

Para a batata:
500g de batata farinhosa
   (5 unidades médias)
sal e pimenta-do-reino a gosto
1 pitada de noz-moscada
20g de manteiga sem sal
   (aproximadamente 1 colher
   de sopa)
1 gema

Para o croquete:
40g de queijo parmesão ralado
   (4 colheres de sopa)
50g de espinafre cozido e
   cortado finamente
   (1/2 xícara)
60g de farinha de trigo
   temperada com sal
   e pimenta-do-reino
   (6 colheres de sopa)
150g de farinha de rosca
   (1 1/2 xícara)
3 ovos batidos
10ml de óleo de amendoim
   (1 colher de sopa)
1 litro de óleo para fritar

Utensílios necessários:
escorredor, espremedor de
batata, tabuleiro

Rendimento: 16 unidades

de batata com cerca de 6cm x 2cm achatando-os nas extremidades.

2. Colocar em recipientes separados a farinha temperada, a farinha de rosca e os ovos batidos com o óleo de amendoim. Passar os croquetes pela farinha temperada, retirar o excesso; passar pela mistura de ovos, retirar o excesso; e finalmente passar pela farinha de rosca também retirando o excesso.

3. Em uma frigideira, colocar o óleo para esquentar a 180ºC e fritar os croquetes até que fiquem dourados.

Obs.: A batata não pode estar úmida, pois é possível que os croquetes abram durante a fritura e absorvam o óleo. Deve-se tirar bem o excesso de farinha de rosca, para que não se solte no óleo da fritura, queimando e aderindo aos croquetes, prejudicando-lhes o aspecto.

VINHO: Para mais este interessante aperitivo – a fragrância dos espinafres, a suave fritura e a textura crocante –, eu recomendaria um vinho branco seco, frutado e leve. Minha indicação é um Pinot Grigio do Veneto ou até mesmo um delicado Frascati.

Gratinado de Batata com Pancetta

GIUSEPPE | Rio de Janeiro

PREPARO:
Cozinhar as batatas com casca, descascar e cortar em tiras finas. Adicionar o molho branco e misturar bem. Fritar a pancetta em uma frigideira antiaderente sem gordura. Acrescentar a pancetta frita e misturar mais uma vez. Colocar a mistura em um tabuleiro ou pirex, despejar o queijo parmesão por cima e levar ao forno alto até gratinar.*

VINHO: Com o sabor firme da pancetta sem a presença do defumado, como ocorreria com o bacon, sugiro um vinho de firmes propósitos, de bom caráter e de boa estrutura. Meu preferido seria um Nebbiolo piemontês, por possuir taninos delicados que formam um par perfeito com a pancetta.

1,2kg de batata (2 unidades grandes)
200g de molho branco (1 xícara) (ver receita na p. 162)
30g de pancetta* fresca
30g de queijo parmesão (2 colheres de sopa)

Utensílios necessários:
frigideira antiaderente, tabuleiro ou pirex

Purê de Batata com Raiz-Forte e Creme Azedo

ILHA DECK | Ilhabela

450g de batata (3 unidades grandes)
400g de batata-doce (2 unidades médias)
300g de batata-baroa (2 unidades médias)
50g de manteiga sem sal (2 colheres de sopa)
100ml de leite (1/2 xícara)
80g de creme azedo (8 colheres de sopa)
10g de raiz-forte em conserva (1 colher de sopa)

**Utensílio necessário:
espremedor de batata**

PREPARO:

1. Cozinhar as batatas em panelas separadas. Espremê-las ainda quentes e, numa panela, juntar a manteiga e o leite morno para amolecer a mistura. Mexer até obter uma mistura homogênea e consistente.
2. Misturar 70g do creme azedo com a raiz-forte. Acrescentar ao purê.
3. Dispor o purê no prato e riscá-lo com o restante do creme azedo por cima.

VINHO: Para esta bela e simples receita, acho interessante um vinho branco de sabor também fresco, para o creme azedo. Poderia ser um ótimo Sauvignon Blanc do Vale do rio Loire francês.

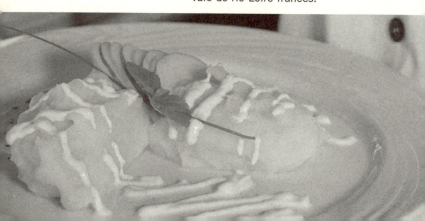

Batatas Fritas Trufadas

LA VICTORIA | Belo Horizonte

PREPARO:

1. Descascar as batatas e cortar em bastões de 1cm x 7cm. Enxugar bem com um pano e fritar no óleo preaquecido, em fogo médio a baixo. Cozinhar até amolecer (cerca de 10 minutos). Retirar as batatas e secá-las em toalha de papel.
2. Aumentar a temperatura do fogo para média a alta e fritar as batatas por mais 3 minutos, até dourarem. Retirar e misturar com o óleo de trufas rapidamente. Temperar com sal e pimenta e servir em seguida.

VINHO: Os aromas típicos da trufa sugerem um vinho da terra onde nasce a trufa branca. Minha opção seria um excelente Nebbiolo ou até mesmo um Barbaresco, em cujos aromas principais encontra-se justamente o aroma do tartufo!

1kg de batata *Binge* ou *Asterix*
   (10 unidades médias)
óleo de canola ou girassol
   para fritar
30ml de óleo de trufas
   (3 colheres de sopa)
sal e pimenta-do-reino moída
   na hora a gosto

Utensílios necessários:
pano de cozinha, toalha de papel

Batatas Gratinadas Dauphinoise

MARCEL | Fortaleza

1kg de batata (10 unidades médias)
1 litro de leite
5g de sal grosso (1 colher de chá)
80g de manteiga sem sal ou gordura de pato (aproximadamente 4 colheres de sopa)
25g de alho amassado e picado (5 dentes)
noz-moscada, sal e pimenta-do-reino branca moída na hora a gosto
400ml de creme de leite fresco (2 xícaras)
400g de queijo emmenthal

Utensílios necessários: escorredor, recipiente refratário grande

PREPARO:

1. Preaquecer o forno a 200°C.
2. Colocar as batatas sem casca em uma panela, cobrir com leite, temperar com sal grosso e deixar ferver em fogo médio. Deixar cozinhar até que fiquem quase cozidas, mas com o interior ainda firme (cerca de 12 minutos). Escorrer e esperar esfriar. Cortar em rodelas.
3. Em uma frigideira grande, em fogo médio, derreter a manteiga ou a gordura de pato. Quando estiver quente, juntar as batatas e o alho e salteá-los* até que dourem. Colocar a metade das batatas no refratário. Polvilhar com noz-moscada e pimenta-do-reino a gosto, espalhar metade do creme de leite fresco e metade do queijo. Repetir uma camada de cada ingrediente, na mesma ordem. Levar ao forno para gratinar.*

VINHO: Para este prato de aromas delicados no qual o queijo tem um papel importante, escolho um branco seco, leve e de pouca acidez! Um Chardonnay da Borgonha – um ótimo Mersault seria o ideal, pela suavidade da batata e do queijo.

Batatas ao Forno com Molho de Tomate

MARGUTTA | Rio de Janeiro

200ml de azeite extravirgem (1 xícara)
1kg de batata sem casca e cortada em fatias de 3cm (10 unidades médias)
350g de tomate bem maduro e fatiado (3 1/2 unidades grandes)
35g de azeitona preta (3 1/2 colheres de sopa)
20g de manjericão em folhas inteiras (2 colheres de sopa)
20g de salsa em folhas inteiras (2 colheres de sopa)
35g de alcaparras (3 1/2 colheres de sopa)
35g de alice picado (3 1/2 colheres de sopa)
sal a gosto
10g de manjerona em pó (1 colher de sopa)

Utensílios necessários: tabuleiro, papel-alumínio

PREPARO:

1. Colocar um pouco de azeite no tabuleiro; em seguida fazer um estrado de batatas e tomates intercalados. Acrescentar as azeitonas, o manjericão, a salsa, as alcaparras e o alice. Continuar com outro estrado de batatas e tomates.
2. Regar tudo com azeite, temperar com sal e manjerona a gosto.
3. Tampar com papel-alumínio e levar ao forno médio alto (200°C) por 30 minutos.
4. Tirar o papel-alumínio e deixar descansar um pouco antes de servir.

Obs.: Pode-se juntar todos os ingredientes crus a fatias de carne sem gordura e assar tudo de uma vez.

VINHO: Por se tratar de uma receita tipicamente mediterrânea, sugiro, para acompanhar este prato, um vinho tinto da costa adriática italiana: um Rosso Cònero ou um Sangiovese di Romagna são ótimos; a delicadeza tânica acompanha muito bem as anchovas e as azeitonas.

Batatas Plent

MOANA | Fortaleza

PREPARO:

1. Numa caçarola, colocar a metade do creme de leite com a metade do queijo ralado. Cozinhar durante 2 minutos (deve ficar cremoso) e reservar.

2. Colocar em uma assadeira antiaderente, ou potinhos individuais, untada com manteiga e dispor sobre ela uma camada de batata, um pouco do molho reservado, uma camada de beterraba, mais um pouco do molho, repetindo essa operação três vezes. No fim, cobrir com o restante do queijo ralado e do creme de leite e salpicar com sal e pimenta-do-reino. Levar ao forno a 250ºC por 5 minutos.

VINHO: A delicadeza do prato, com a doçura da beterraba, me leva a escolher um vinho no qual os taninos estejam muito pouco presentes, portanto um tinto aveludado e leve. Indico um Gamay jovem e frutado quase sem tanino; por que não um Gamay brasileiro da safra?

40ml de creme de leite fresco (4 colheres de sopa)
40g de queijo ralado (4 colheres de sopa)
20g de manteiga sem sal (1 colher de sopa rasa)
200g de batata cozida, descascada, gelada e cortada em rodelas finas (2 unidades médias)
200g de beterraba cozida, limpa, gelada e cortada em rodelas finas (2 unidades médias)
sal e pimenta-do-reino a gosto

Utensílios necessários: caçarola pequena, assadeira antiaderente ou 4 potes individuais

Tortilla de Batatas

PARADOR VALENCIA | Itaipava

300g de batata-inglesa (3 unidades médias)
300g de cebola (3 unidades médias)
125ml de azeite espanhol (12 1/2 colheres de sopa)
6 ovos grandes
sal a gosto

Utensílios necessários: frigideira de 22cm de diâmetro (com tampa), palitos, batedeira ou batedor de arame

PREPARO:

1. Cortar a batata e a cebola em cubos de aproximadamente 2cm.
2. Numa frigideira com tampa, colocar 50ml de azeite e fritar a batata e a cebola em fogo baixo com pouco sal, até a batata ficar bem macia. É fundamental tampar a frigideira. Pode-se usar um prato raso, caso não disponha de uma frigideira com tampa.
3. Enquanto isso, bater bem os ovos com as claras e as gemas, salgando um pouco. Despejar a batata e a cebola no recipiente dos ovos (e não os ovos na frigideira), misturar bem e voltar toda a mistura para a frigideira. Tampar a frigideira, e deixar cozinhar em fogo baixo por cerca de 10 ou 15 minutos, sempre observando se já está fritinho por baixo. Virar a tortilla no prato raso, colocá-la de novo na frigideira com a parte frita para cima (com cuidado para não vazar) e deixar cozinhar por mais 10 ou 15 minutos. Controlar a densidade enfiando um

palito perto do centro: quando o ovo estiver secando, e a cobertura, ligeiramente dourada, virar pela última vez e manter no prato. Deixar esfriar um pouco e comer com pão e com o restante do azeite.

VINHO: Este prato monumental da grande cozinha espanhola me privilegia. Escolho um grande branco produzido na Cataluña, uma Viura bem seca, fresca e jovem para acompanhar esses sabores que me lembram a infância. O sabor do ovo é perfeitamente amenizado pela característica aromática e seca da uva Viura.

Mix de Purês

RANCHO INN | Rio de Janeiro

Para o purê de batata clássico:
400g de batata (4 unidades pequenas)
80g de creme de leite fresco (8 colheres de sopa)
5g de manteiga sem sal (1 colher de café)
sal, pimenta-do-reino e noz-moscada a gosto

Para o purê de batata com alho-poró crocante:
60g de alho-poró (1 1/2 talo)
25g de manteiga sem sal (1 colher de sopa)
1 receita de purê de batata clássico
óleo para fritar

Para o purê de batata com manjericão:
25g de manteiga sem sal (1 colher de sopa)
40ml de azeite extravirgem (4 colheres de sopa)
20g de manjericão fresco picado (2 colheres de sopa)
1 receita de purê de batata clássico

Utensílios necessários:
espremedor de batata, liqüidificador

Preparo do purê de batata clássico:
1. Cozinhar bem a batata. Espremer ainda quente.
2. Ferver o creme de leite e a manteiga até engrossar. Acrescentar à batata e misturar bem. Temperar com sal, pimenta e noz-moscada.

Preparo do purê de batata com alho-poró crocante:
1. Cortar um talo de alho-poró em rodelas. Refogar na manteiga e acrescentar ao purê.
2. Cortar dois talos de alho-poró à juliana* e fritar em óleo bem quente até dourar. Colocar sobre o purê para enfeitar.

Preparo do purê de batata com manjericão:
1. Derreter a manteiga sem esquentá-la.
2. Bater no liqüidificador o azeite com o manjericão. Misturar com o purê.

VINHO: Como eu adoro purê, todos eles, poderia até comer com pão! Para este inusitado *pot-pourri* de batatas, escolho um vinho branco seco e aromático. Por que não um excelente Viognier? Pode ser francês ou argentino, o importante é que não tenha acidez! As batatas agradecem!

Batata com Amêndoa

TAVERNA DEL NONNO | Gramado

300g de batata descascada e cortada em cubos (2 unidades grandes)
25g de manteiga (2 colheres de sopa)
sal, pimenta-do-reino e noz-moscada moídas na hora a gosto
2 gemas de ovo batidas
20g de farinha de trigo (2 colheres de sopa)
2 ovos batidos para empanar
100g de amêndoas laminadas (1 xícara)
1/2 litro de óleo (2 1/2 xícaras)

Utensílio necessário: escorredor

PREPARO:

1. Ferver as batatas por 14 minutos. Escorrer e levar ao forno preaquecido em temperatura média (175ºC) por 5 minutos.
2. Retirar do forno e transferir para uma panela, amassando-as bem com um garfo e adicionando a manteiga, o sal, a pimenta e a noz-moscada. Levar ao fogo médio para evaporar um pouco.
3. Acrescentar as gemas batidas e misturar. Deixar esfriar.
4. Com a massa, fazer bolinhos em formato de pêra ou cilindro, passar na farinha, no ovo e envolver com as amêndoas. Fritar por 3 minutos até ficarem dourados. Servir com geléia de pimenta.

Obs: Servido como entrada ou acompanhamento de caça.

VINHO: Por ser um tubérculo cujo principal objetivo é ser um acompanhamento, a sugestão baseia-se no prato a acompanhar, neste caso uma caça. Assim sendo, não hesitaria em escolher um tinto bem robusto, como um Cabernet Sauvignon. Mas se o prato for degustado sozinho, pode-se optar até por um branco seco de boa personalidade, como um Hermitage Branco, de baixa acidez e alta concentração.

Flã de Baroa com Caramelo de Vinagre Balsâmico

VARIG

Para o purê:
750g de batata-baroa *in natura*
 (5 unidades médias)
1 litro de água
50g de sal (5 colheres de sopa)
60ml de creme de leite fresco
 (6 colheres de sopa)
3 gemas
30g de sal (3 colheres de sopa)
1g de noz-moscada moída
 (1/2 colher de café)
3 claras em neve

Para o caramelo:
70g de açúcar refinado
 (7 colheres de sopa)
40g de vinagre balsâmico
 (4 colheres de sopa)
manteiga sem sal para untar

Para a decoração:
20g de bacon defumado em tiras
 (4 fatias)
1 ramo de tomilho fresco
 para decorar

Utensílios necessários:
escorredor, panela de fundo grosso, batedeira, 4 forminhas de alumínio com capacidade para 150ml, papel-alumínio

Preparo do purê:

Lavar, descascar e cortar as batatas em pedaços. Cozinhar em uma panela com água e 20g de sal, durante 30 minutos. Escorrer a água. Fazer um purê, adicionar o creme de leite, as gemas, o sal e a noz-moscada. Por último, misturar levemente as claras em neve.

Preparo do caramelo:

1. Levar uma panela de fundo grosso ao fogo baixo e preparar um caramelo claro com o açúcar, tomando cuidado para não queimar a fim de não amargar. Acrescentar o vinagre balsâmico e cozinhar até formar uma calda. Despejar 2/3 do caramelo no fundo das forminhas e deixar esfriar.

2. Untar as beiradas das forminhas com manteiga. Distribuir igualmente o purê nas forminhas. Levar ao forno em banho-maria,* tampado com papel-alumínio. Cozinhar por 30 minutos a 160ºC.

Preparo da decoração:
Grelhar a fatia de bacon inteira em uma frigideira em fogo moderado até ficar crocante.

MONTAGEM:
1. Reaquecer o restante do caramelo com 1 colher de sopa de água, para ficar na consistência de calda. Riscar o prato com a calda em ziguezague.
2. Desenformar o flã no centro do prato. Guarnecer com a fatia de bacon encostada verticalmente no flã. Decorar com o tomilho.

VINHO: Apesar de termos um ingrediente complicador que é o vinagre balsâmico, o açúcar e a doçura do caramelo, além das características do defumado do bacon, recomendam um vinho tinto de bela tipicidade e não demasiadamente alcoólico. Podemos optar por um belo Chinon tinto do Vale do Loire, ou por um tinto siciliano da variedade Nero D'Avola – os leves toques de frutas passas que se percebem no vinho casam bem com este flã.

Batatas Albese

VECCHIO SOGNO | Belo Horizonte

30g de funghi porcini picado (2 colheres de sopa)
200ml de água (1 xícara)
1kg de batata cortada em lâminas (10 unidades médias)
sal e pimenta-do-reino moída na hora a gosto
20ml de azeite (2 colheres de sopa)
150g de cebola picada (1 1/2 unidade média)
250ml de creme de leite fresco (1 1/4 xícara)
250ml de leite (1 1/4 xícara)
25g de manteiga de trufa (1 colher de sopa)
20g de manteiga sem sal (aproximadamente 1 colher de sopa)
30g de queijo parmesão ralado (1/2 pacote)
10g de tomilho (1 colher de sopa)

Utensílios necessários: escorredor, tabuleiro

PREPARO:

1. Deixar o funghi de molho em 1 xícara com água por 30 minutos. Escorrer e descartar o líquido.
2. Colocar a batata em água fria e levar à ebulição. Escorrer e temperar com sal e pimenta.
3. Em uma frigideira com azeite, refogar a cebola e o funghi. Adicionar o creme de leite e o leite, e deixar ferver por 5 minutos. Juntar a manteiga de trufa.
4. Dispor a batata em um tabuleiro untado com manteiga formando camadas de batata e molho preparado com funghi. Salpicar o queijo parmesão e o tomilho e assar a 170ºC até dourar (aproximadamente 15 minutos).

VINHO: Escolher um vinho para este prato também foi tarefa fácil. Os sabores dos Langhes piemonteses lembram um vinho de bom corpo e estrutura, portanto, escolho um excelente Barbera ou até um Barbaresco – quanto mais velhos melhores.

Ninhos de Batata da Vovó

VILA BUENO | Jaguariúna

PREPARO:

1. Descascar as batatas e ralar em forma de palha pelo lado grosso. Lavar muito bem a batata e secá-la em toalha de papel, espremendo bem para eliminar toda a água.
2. Forrar o coador maior por dentro com uma camada de batata, colocar o coador menor por cima, pressionar bem e fritar no óleo quente até dourar. Segurar o cabo dos dois coadores durante a fritura com muito cuidado.
3. Retirar do óleo assim que dourar, separar os coadores e deixar o ninho de batata escorrer em toalha de papel.
4. Servir com o recheio de sua preferência, como um refogado de legumes ou estrogonofe.

Obs.: O ninho pode ser preparado com antecedência e guardado em uma lata bem vedada até a hora de utilizar.

1kg de batata (10 unidades médias)
óleo de soja suficiente para fritar

Utensílios necessários:
ralador, toalha de papel,
2 coadores ou escorredores de metal de cabo comprido,
um de tamanho nº 10 e outro um pouco menor que caiba dentro do primeiro sem muita folga

VINHO: Tratando-se de um prato fácil, e desde que não seja para uma criança, sugiro um branco frutado da variedade Riesling itálico, do Veneto Italiano, ou mesmo um Tocai Friulano por apresentar certos aromas frutados e doces.

Pães

Focaccia de Batata

CANTINA ITALIANA | Macapá

Para a massa:
1kg de batata (10 unidades médias)
sal e pimenta-do-reino moída na hora a gosto
40ml de azeite extravirgem (4 colheres de sopa)
80g de fécula de batata (8 colheres de sopa)
2 ovos

Para o recheio:
10g de alho com casca (2 dentes)
30ml de azeite (3 colheres de sopa)
120g de azeitona verde sem caroço (aproximadamente 1/2 xícara)
40g de alcaparras (4 colheres de chá)
340g de atum em conserva (2 latas)
120g de picles de pepino (aproximadamente 1 xícara)
400g de espinafre já escaldado (2 molhos grandes)
25g de filé de anchova (alice) – (aproximadamente 8 unidades)
sal a gosto
100g de parmesão ou pecorino ralado (10 colheres de sopa)

Preparo da massa:
Cozinhar as batatas com casca. Descascá-las e passá-las ainda quentes pelo espremedor para fazer o purê. Acrescentar o sal, a pimenta, o azeite, a fécula e os ovos. Amassar com as mãos até obter uma massa bem homogênea. Reservar.

Preparo do recheio:
Amassar grosseiramente o alho com a casca e refogar em um pouco de azeite. Retirar os dentes de alho depois de o azeite absorver o sabor e acrescentar todos os ingredientes, já picados. Refogar por 3 minutos, adicionando queijo parmesão ou pecorino ralado por último.

MONTAGEM:
1. Sobre a forma previamente untada com azeite, estender uma camada de 1cm de massa. Dispor o recheio sobre ela e cobrir com outra camada de massa. Pincelar com ovo batido, polvilhar com o alecrim fresco e o sal triturado.

2. Levar ao forno de 180°C a 200°C por 20 minutos para assar.

VINHO: Com esta receita gostosa que contém sabores fortes como o das alcaparras e das azeitonas, e das próprias anchovas, aconselho um vinho tinto delicado e frutado. Poderia ser um Marzemino italiano pela delicada e agradável fragrância. Isso faria uma perfeita harmonia com esta focaccia que dá água na boca!

Para a montagem:
10ml de azeite para untar
   (1 colher de sopa)
1 ovo para pincelar
20g de alecrim fresco picado
   (2 colheres de sopa)
sal grosso a gosto para decorar

Utensílios necessários:
espremedor de batata, forma de borda baixa

Pão de Batata-Roxa

LUDWIG | Campos do Jordão

400ml de leite morno (2 xícaras)
60g de fermento biológico (2 tabletes)
30g de açúcar (3 colheres de sopa)
300g de farinha de trigo peneirada (3 xícaras)
300g de batata-roxa descascada e picada (2 unidades grandes)
1 ovo
5g de sal (1 colher de sobremesa)
50ml de óleo de soja (5 colheres de sopa)

Utensílios necessários: escorredor, espremedor de batata, forma para pão

PREPARO:

1. Misturar, num recipiente, o leite, o fermento e o açúcar. Adicionar 2 colheres de sopa de farinha, misturar novamente, cobrir e deixar crescer em local aquecido por 30 minutos.

2. Enquanto isso, cozinhar as batatas numa panela com água suficiente apenas para cobri-las. Assim que ficarem macias, retirar do fogo, escorrer a água e passá-las, ainda quentes, pelo espremedor. Em seguida, acrescentar o fermento crescido, o ovo, o sal e o óleo até a massa ficar homogênea e juntar, aos poucos, o restante da farinha.

3. Colocar a massa na forma untada com um pouco de óleo. Cobrir e deixar descansar por 30 minutos ou até dobrar de volume.

4. Levar a massa ao forno a 220ºC por 20 minutos; reduzir para 180ºC e deixar por mais 15 minutos. Retirar do forno e desenformar ainda morna.

VINHO: Por se tratar de um pão com uma certa rusticidade e bem diferente, escolho um vinho com uma boa personalidade. Minha sugestão recai sobre um Sangiovese de Romagna, por seu corpo, sim, mas certamente, e principalmente, por sua acidez viva que combina de modo perfeito com a doçura da batata, gerando um belo exemplo de harmonia.

Aves

Purê de Batata-Doce ao Mel com Pato ao Molho de Cachaça

BANANA DA TERRA | Paraty

Preparo do purê de batata-doce:
1. Descascar a batata-doce. Levar ao fogo com água e uma pitada de sal. Quando a batata estiver bem macia, passar pelo espremedor ainda quente.
2. Em uma panela, misturar os outros ingredientes. Levar ao fogo brando, batendo bem. Servir bem quente.

Preparo do pato:
1. Temperar o pato com sal, pimenta e louro, reservá-lo na geladeira por 2 horas nesse tempero.
2. Em fogo brando, derreter o açúcar em panela de fundo grosso e colocar em seguida o azeite. Acrescentar o pato e deixar pegar cor. Adicionar a cebola e o alho e, depois, o cúrcuma, a canela, o gengibre, o suco de laranja e o alecrim. Cozinhar em fogo brando por 1 hora e 30 minutos, colocando a água quente aos poucos. No final do cozimento é

Para o purê de batata-doce:
800g de batata-doce (4 unidades médias)
sal a gosto
200ml de leite (1 xícara)
50ml de mel (5 colheres de sopa)
30g de manteiga sem sal (aproximadamente 1 colher de sopa)

Para o pato:
1kg de sobrecoxa de pato (aproximadamente 4 unidades)
sal e pimenta-do-reino a gosto
1 folha de louro
10g de açúcar (1 colher de sopa)
50ml de azeite (5 colheres de sopa)
80g de cebola picada (1 unidade grande)
30g de alho socado (6 dentes)
30g de cúrcuma ou açafrão nacional (5 colheres de café)
30g de canela em pó (5 colheres de café)
30g de gengibre ralado (3 colheres de sopa)
100ml de suco de laranja (suco de 1 1/2 laranja)

30g de alecrim (3 colheres de sopa)
1 litro de água quente
30ml de limão (3 colheres de sopa ou suco de 1 limão)
100ml de cachaça (1/2 xícara)

Utensílios necessários:
espremedor de batata, panela de fundo grosso, chinois*

importante reservar pelo menos 150ml de molho para a finalização do prato.

3. Passar o molho pelo chinois e voltar com ele para a panela juntamente com o pato. Levar ao fogo acrescentando o caldo do limão. Colocar a cachaça em uma pequena concha, acender o fogo e colocar na panela para flambar.*

MONTAGEM:
Dispor uma sobrecoxa em cada prato e colocar o purê ao lado. Guarnecer o pato com o molho.

VINHO: Trata-se de um prato rico em aromas, em que a doçura da variedade de batata empregada, o mel e os temperos usados me deixam inclinado a sugerir um vinho tinto bem macio, de poucos taninos e com aroma marcante de frutas. Pode ser um excelente Pinot Noir da Nova Zelândia.

Baekenofe com Foie Gras e Coxa de Pato Confit

CARÊME BISTRÔ | Rio de Janeiro

Preparo da carne de porco:
1. Cortar a paleta de porco em tiras e colocá-la num tabuleiro com a cebola, o alho, o alho-poró, o cravo, a pimenta, a salsa, o tomilho e o louro. Cobrir com o vinho. Deixar na geladeira por pelo menos 8 horas.
2. Retirar a carne de porco da marinada,* peneirar e reservar o líquido coado. Temperar as tiras de carne com sal e pimenta.

Preparo da coxa de pato:
1. Cortar a cebola, a cenoura e o aipo em cubos.
2. Temperar as coxas de pato com sal e pimenta.
3. Esquentar a gordura de pato, acrescentar a cebola, a cenoura e o aipo e logo depois as coxas de pato. Assim que ferver, abaixar bem o fogo e deixar cozinhar lentamente por aproximadamente 4 horas. As coxas devem ficar bem macias. Deixá-las esfriar dentro da própria gordura e desfiá-las.

Para a carne de porco:
750g de paleta* de porco desossada*
50g de cebola picada (1/2 unidade grande)
5g de alho picado (1 dente)
20g de alho-poró picado (1/2 talo)
1 cravo
10 grãos de pimenta-do-reino
1 ramo de salsa
1/3 de molho de tomilho
1 folha de louro
500ml de vinho branco seco (2 1/2 xícaras)
sal e pimenta-do-reino a gosto

Para a coxa de pato:
50g de cebola (1 unidade pequena)
50g de cenoura (1 unidade média)
20g de aipo (1/2 talo)
600g de coxa de pato (4 unidades)
sal e pimenta-do-reino a gosto
1 litro de gordura de pato

Para o baekenofe:
140ml de gordura de pato (1 1/2 xícara)
2,2kg de batata-inglesa cortada em lâminas como para chips (aproximadamente 14 unidades grandes)

Batata | Aromas e Sabores da Boa Lembrança

sal e pimenta-do-reino a gosto
100g de cebola em tiras
(1 unidade grande)
10g de tomilho picado (1 colher de sopa)

Para a montagem:
600g de foie gras fresco cortado em escalopes
sal e pimenta-do-reino a gosto

Utensílios necessários:
tabuleiro, peneira, pirex, papel-alumínio

Rendimento: 6 porções

Preparo do baekenofe:

Esquentar uma frigideira com 2/3 da gordura e passar rapidamente as batatas, temperando com sal e pimenta. Na mesma frigideira, acrescentar o restante da gordura e suar* as cebolas, temperar com o sal, a pimenta e o tomilho.

MONTAGEM:

No fundo do pirex, espalhar uma camada de batata, cobrir com uma camada de cebola e, em seguida, com uma camada da carne de porco, mais uma camada de batata, outra de coxa de pato desfiada, outra de batata e uma de foie gras fresco temperado com sal e pimenta. Espalhar mais uma camada de batata, outra de cebola, outra de carne de porco, outra de batata, outra de coxa de pato desfiada e, por último, uma camada de batata. Cobrir com o vinho da marinada. Fechar bem com papel-alumínio e levar ao forno a 150°C por aproximadamente 3 a 4 horas. Servir acompanhado de uma boa salada verde.

VINHO: A grande riqueza do prato e a suculência das carnes me instigam a indicar um belo tinto de grande potência. Minha escolha recai sobre um rico Chateauneuf du Pape ou até mesmo um Côte-Rôtie, em que a pujança do prato é contrastada pela estrutura desses maravilhosos vinhos do Vale do Rhone.

Escalope de Foie Gras sobre Espiral de Batata

MARCEL | São Paulo (Jardins)

PREPARO:

1. Descascar as batatas e cortá-las em forma de cilindro para que fiquem todas no mesmo tamanho e formato. Fatiar em círculos bem finos. Untar uma assadeira antiaderente com manteiga e dispor as batatas em espiral, uma em cima da outra, formando quatro espirais. Levar ao forno a 200°C até ficarem douradinhas.
2. Temperar os escalopes com sal e pimenta. Em uma frigideira antiaderente, sem gordura, grelhar os escalopes. Dispor os escalopes sobre as batatinhas e servir.

VINHO: Para acompanhar esta deliciosa receita em que o foie gras faz a parte do leão, sugiro um grande branco de boa evolução, um Chardonnay certamente; se for francês e Bourguignonne, melhor ainda. As nuanças de doçura que o foie gras exibe são perfeitamente harmonizáveis com esses tipos de vinhos.

300g de batata (2 unidades grandes)
200g de escalope de fígado de pato (4 unidades pequenas)
manteiga sem sal para untar
sal e pimenta-do-reino a gosto

Utensílios necessários:
assadeira antiaderente, frigideira antiaderente

Carnes

Roesti Sertanejo

CHEZ GEORGES | Recife

PREPARO:
1. Descascar as batatas, passá-las no ralador grosso e reservar.
2. Numa frigideira, colocar a gordura vegetal e fritar a lingüiça, até ficar bem dourada. Deixar esfriar um pouco para, em seguida, cortá-la em rodelinhas.
3. Aproveitando a gordura da frigideira, refogar a cebola durante 2 minutos. Adicionar as rodelinhas de lingüiça e o alecrim, deixando refogar mais um pouco. Em seguida, acrescentar a batata ralada e a pimenta. Misturar tudo e deixar cozinhar. Tornar a misturar e deixar cozinhando um pouco mais. Com a ajuda de uma espátula, amassar levemente a mistura, passando a espátula em torno da frigideira. Virá-la feito um crepe, fritando o outro lado.
4. Colocar o roesti num prato grande redondo e cobrir com as fatias de queijo de coalho. Para finalizar, levar para a salamandra* ou forno em temperatura alta, deixando gratinar* até criar uma crosta. Decorar com o cebolinho.

600g de batata-inglesa
(4 unidades grandes)
50g de gordura vegetal
(2 colheres de sopa)
300g de lingüiça de cabrito
50g de cebola cortada em cubinhos (1 unidade média)
2g de alecrim fresco picado fino
(1 colher de café)
pimenta-do-reino a gosto
300g de queijo de coalho maturado em fatias
2g de cebolinho picado para decorar (1 colher de café)

Utensílios necessários:
ralador grosso, espátula, prato grande redondo

VINHO: O título curioso, porém, absolutamente pródigo desta receita me leva a pensar numa combinação com um vinho da mesma terra: o sertão pernambucano, produtor de excelente Shiraz, especialmente os do Vale do São Francisco. A riqueza do cabrito encontra nesse belo vinho um par à mesma altura.

Vitela Escondida

EMPÓRIO RAVIOLI | São Paulo

Preparo da vitela:
Temperar a vitela com a sálvia, sal e pimenta. Colocar em uma assadeira untada com azeite e levar ao forno preaquecido (180°C) por 20 minutos. Para a carne ficar dourada, acrescentar o vinho branco, o caldo de frango e cobrir com papel-alumínio. Retornar ao forno por mais 30 minutos até ficar macia. Reservar.

Preparo do molho:
Em uma panela preaquecida, untada com manteiga, refogar o champignon. Acrescentar o vinho, seguido do caldo do assado e deixar reduzir* por 5 minutos. Corrigir o tempero e dar a consistência desejada.

Preparo do "embrulho":
1. Cortar a vitela em fatias finas. Usando os aros, alternar em camadas na seguinte ordem: batata, vitela e espinafre.
2. Colocar cada aro recheado no centro de uma folha de massa filo. Retirar o aro e fazer um embrulho, fechando-o bem.

Para a vitela:
500g de paleta* de vitela (inteira)
8 folhas de sálvia picada
sal e pimenta-do-reino a gosto
20ml de azeite (2 colheres de sopa)
100ml de vinho branco seco (1/2 xícara)
500ml de caldo de frango (2 1/2 xícaras) – (ver receita na p. 159)

Para o molho:
25g de manteiga sem sal (1 colher de sopa)
200g de champignon cortado em lâminas finas (1 vidro grande)
100ml de vinho Marsala (1/2 xícara)

Para o "embrulho":
600g de batata média descascada levemente e cortada em lâminas finas, cozida em água e sal (6 unidades médias)
1/2 maço de espinafre (só as folhas) – levemente escaldado em água e sal (1 xícara)
4 folhas de massa filo de 10cm x 10cm (usada para fazer rolinho primavera)

Batata | Aromas e Sabores da Boa Lembrança

Para decorar:
8 folhas de espinafre
4 ramos de alecrim
50ml de azeite (5 colheres de sopa)

Utensílios necessários:
assadeira, papel-alumínio, 4 aros de inox de 7cm x 4cm

3. Dourar esse embrulho por todos os lados em uma frigideira com o restante do azeite.

MONTAGEM:

1. Fritar as folhas de espinafre no azeite durante cerca de 30 segundos, até ficarem crocantes.
2. Colocar o "embrulho" de vitela no centro de cada prato, distribuir o molho harmoniosamente, decorar com as folhas de espinafre fritas, alecrim e regar com azeite. Servir em seguida.

VINHO: Um clássico exemplo de que carnes brancas também podem ser acompanhadas de vinhos brancos! Com a presença do Marsala conferindo o toque leve de doçura, prefiro um branco seco da variedade Chardonnay, porém, sem muita acidez e pouca barrica. Poderia ser um excelente vinho da Borgonha.

Batata Laminada com Escalope de Filé

GARRAFEIRA | Recife

PREPARO:

1. Aquecer o azeite em uma frigideira.
2. Colocar as batatas na frigideira com 1 colher de sopa de azeite, temperar com sal, pimenta e queijo parmesão. Deixar em fogo baixo por 40 minutos, virando o lado na metade do tempo do cozimento.
3. Cortar cada pedaço de filé em 3, bater bem e temperar com sal e pimenta. Passá-los no vinho e na farinha, nessa ordem, e grelhá-los no restante do azeite.
4. Retirar os escalopes e adicionar o vinho à frigideira. Deixar ferver por 5 minutos. Temperar com sal e pimenta.

20ml de azeite (2 colheres de sopa)
800g de batata cortada em lâminas bem finas (8 unidades médias)
sal e pimenta-do-reino moída na hora a gosto
50g de queijo parmesão ralado (5 colheres de sopa)
600g de filé mignon (4 filés de 150g cada um)
200ml de vinho tinto (1 xícara)
40g de farinha de trigo (4 colheres de sopa)

Utensílios necessários:
2 frigideiras antiaderentes, batedor de carne

MONTAGEM:

Dividir a batata em 4 pratos, em formato de rosácea, arrumar 3 escalopes em cada prato e regar com o molho.

VINHO: Este prato, estruturado e aparentemente único, me sugere um vinho tinto moderadamente encorpado. Pode ser um vinho excelente produzido até no Vale do São Francisco, próximo ao nosso chef recifense... quem sabe um ótimo Cabernet-Shiraz.

Batata ao Javali

LA CACERIA | Gramado

Preparo da marinada:
Bater no liqüidificador os temperos (alecrim, sálvia, manjerona, cebola e alho) com o vinho por aproximadamente 5 minutos. Num recipiente, colocar o javali temperado com sal e pimenta e acrescentar a mistura do liqüidificador. Deixar descansar por 2 horas na geladeira.

Preparo da pasta:
Numa frigideira, refogar o javali no azeite até dourar. Passar o javali pelo processador até desmanchar. Acrescentar a nata e o queijo parmesão até obter uma mistura cremosa.

Preparo da batata:
Lavar bem a batata e secar com toalha de papel. Cortar ao meio e retirar um pouco do seu miolo. Rechear com a pasta de javali e polvilhar com o parmesão ralado. Colocar para assar em temperatura de 150ºC por aproximadamente 28 minutos.

Para a marinada:*
10g de alecrim (1 colher de sopa)
10g de sálvia (1 colher de sopa)
20g de manjerona (2 colheres de sopa)
20g de cebola (1/2 cebola média)
20g de alho (4 dentes)
100ml de vinho tinto (1/2 xícara)
sal e pimenta-do-reino a gosto

Para a pasta:
300g de filé de javali
15ml de azeite (1 1/2 colher de sopa)
60g de nata (6 colheres de sopa)
40g de queijo parmesão (4 colheres de sopa)

Para a batata:
300g de batata cortada ao meio (2 unidades grandes)
40g de queijo parmesão (4 colheres de sopa)

Utensílios necessários:
liqüidificador, processador de alimentos, toalha de papel

VINHO: Esta batata deliciosamente recheada com a carne de javali pede um vinho de bom corpo. Minha escolha seria um Malbec argentino com alguns anos de envelhecimento. Isso proporciona um vinho mais aveludado, que casa perfeitamente com a carne saborosa do javali.

Curry Muslim de Carne com Batatas

SAWASDEE | Búzios

PREPARO:

1. Aquecer uma wok e refogar a carne cortada em fatias finas no óleo de girassol. Adicionar o gengibre, o aniz-estrelado, a canela, o cardamomo e o louro e refogar por mais 3 minutos. Adicionar o leite de coco, a cebola, o açúcar mascavo, nam pla e a pimenta. Juntar o capim-limão e o cominho.
2. Cozinhar, em fogo lento, por cerca de 20 minutos, adicionando o caldo de carne aos poucos, durante o cozimento, para manter a consistência do molho.
3. Adicionar as batatas, o tamarindo e o amendoim e cozinhar por mais 15 minutos ou até as batatas ficarem macias. Apagar o fogo e retirar com cuidado o aniz, a canela, o louro e o cardamomo. Salpicar o coentro e servir.

VINHO: Uma culinária rica em aromas e texturas me leva a escolher um vinho bem aromático – poderia ser um ótimo Sancerre Branco ou mesmo um Traminer

600g de músculo ou de carne para cozido
30ml de óleo de girassol (3 colheres de sopa)
40g de gengibre picado (4 colheres de sopa)
4 anizes-estrelados
2 paus de canela
4 cardamomos*
4 folhas de louro
1 litro de leite de coco
120g de cebola pequena própria para conserva (12 unidades)
200g de açúcar mascavo (1 xícara)
100ml de nam pla* (1/2 xícara)
60g de pimenta dedo-de-moça picada (4 unidades)
30g de capim-limão (2 talos)
10g de cominho (2 colheres de sopa)
500ml de caldo de carne – (ver receita na p. 158)
960g de batata nova (12 unidades)
100g de polpa de tamarindo (5 colheres de sopa)
80g de amendoim torrado (4 colheres de sopa)
coentro picado a gosto

UTENSÍLIO NECESSÁRIO:
wok*

aromático do Alto Adige italiano, ambos com boa acidez e aromas que possam ser confrontados com todos os ingredientes e especiarias que fazem parte desta bela e original receita asiática!

Batata com Rabo Quente

VIRADAS DO LARGO | Tiradentes

PREPARO:

1. Descascar as batatas, cortá-las ao meio e cozinhar. Não deixar cozinhar muito.
2. Cortar os rabos de boi pelos nós, lavar bem e deixar de molho na vinha-d'alhos* por pelo menos 2 horas. Retirar e levar ao fogo com o alho, a cebola, o pimentão, o louro e os tomates. Deixar fritar um pouco e adicionar água até cobrir a carne.
3. Depois de cozido, colocar as batatas para terminar o cozimento. O molho deve ficar consistente. Apagar o fogo e misturar a salsa, a cebolinha e temperar com pimenta-do-reino. Quando for servir, acrescentar o agrião. Servir com arroz branco e pimenta-malagueta à parte.

2kg de batata-inglesa partida ao meio (15 unidades médias)
3kg de rabo de boi cortado pequeno
100g de alho (20 dentes)
200g de cebola picadinha (2 unidades médias)
30g de pimentão (1 unidade pequena)
1 folha de louro
500g de tomate picado, sem pele e sem semente (3 xícaras)
80g de salsa (1 maço)
80g de cebolinha (1 maço)
pimenta-do-reino a gosto
1 molho de agrião fresco desfolhado
pimenta-malagueta para servir

VINHO: Um prato característico e rústico da comida mineira. Receitas com ingredientes ricos como este prato requerem um vinho de marcados taninos. Neste caso, sugiro um Tannat uruguaio, pela forte e marcante presença tânica que ameniza bastante a untuosidade da rabada.

Crustáceos

Assado de Batata com Camarões, Molho Suave de Laranja e Caviar

BOULEVARD | Curitiba

PREPARO:

1. Descascar as batatas e cortá-las em rodelas finas com a ajuda de um mandolim ou fatiador de legumes caseiro.
2. Descascar os camarões, reservando as cascas e as cabeças. Saltear* os camarões limpos com o champignon na metade da manteiga em uma wok ou frigideira. Temperar com sal e pimenta a gosto. Reservar.
3. Murchar* a cebola e o salsão no azeite, juntar as cabeças dos camarões reservadas e flambar* com o conhaque. Juntar o vinho, o suco de laranja, o tomilho, o estragão, o alho, o sal e a pimenta. Tampar e cozinhar em fogo bem baixo por 1 hora.
4. Aquecer o forno a 200ºC.
5. Dividir a batata em quatro partes. Em um tabuleiro untado com manteiga, fazer quatro círculos sobrepondo as rodelas de batata. Pincelar com o restante da

600g de batata *Binge* (4 unidades grandes)
600g de camarões graúdos inteiros
150g de cogumelo-de-paris
40g de manteiga sem sal (aproximadamente 1 1/2 colher de sopa)
sal e pimenta-do-reino a gosto
50g de cebola picada (1 unidade média)
40g de salsão (1 talo)
30ml de azeite (3 colheres de sopa)
30ml de conhaque (2 colheres de sopa)
300ml de vinho branco seco (1 1/2 xícara)
240ml de suco de laranja (aproximadamente 1 1/4 xícara)
10g de tomilho (3 colheres de sopa)
10g de estragão (1 colher de sopa)
5g de alho (1 dente)
20g de manteiga gelada para finalizar o molho (aproximadamente 1 colher de sopa)
30g de caviar (3 colheres de sopa)

**10g de salsa para decorar
(1 colher de sopa)**

**Utensílios necessários:
mandolim* ou cortador de
legumes caseiro, wok* ou
frigideira, tabuleiro, coador,
batedor de arame**

manteiga derretida, dividir os camarões por cima dos discos de batata e cobrir com outro disco. Pincelar com manteiga e assar por aproximadamente 15 minutos, até que as batatas fiquem douradas.

6. Coar o molho com as cascas e reduzir* a 200ml. Juntar a manteiga gelada, batendo bem com um batedor de arame. Temperar com sal e pimenta e juntar o caviar. Regar as batatas com o molho e decorar com a salsa picada.

VINHO: Com este prato riquíssimo em aromas e, também, pela presença do crustáceo e do próprio caviar, sugiro um bom espumante *Metodo Classico* de moderado envelhecimento, de preferência um champanhe milesimado.

Maionese de Ariá com Camarão Regional Frito

LÁ EM CASA | Belém

Preparo da maionese:
1. Cozinhar os ariás em bastante água com sal durante 15 a 20 minutos. Deixar esfriar.
2. Bater no liqüidificador as gemas cruas, os ovos cozidos, o suco de limão, o azeite e o sal, até obter a consistência de maionese.
3. Descascar os ariás, cortar em quadradinhos e misturar com a maionese. Reservar.

Preparo do camarão:
1. Lavar os camarões em água corrente com 1 limão.
2. Em uma caçarola só com o sal, fritar os camarões. Mexer até secar toda a água que sai dos camarões. Quando estiverem bem fritos, acrescentar 3 colheres de sopa de azeite. Retirar do fogo e deixar esfriar. Descascar e reservar. Deixar os maiores com casca para decorar.
3. Com o outro limão, a pimenta, o alho, o coentro, a cebolinha, o restante do

Para a maionese:
600g de ariá*
2 gemas cruas
2 ovos cozidos
10ml de suco de limão (1 colher de sopa)
150ml de azeite (1 1/2 xícara)
sal a gosto

Para o camarão:
2kg de camarão regional pequeno com casca
2 limões
sal a gosto
100ml de azeite (1/2 xícara)
10g de pimenta-de-cheiro (1 unidade)
10g de alho triturado (2 dentes)
30g de coentro (3 colheres de sopa)
30g de cebolinha picada em cubos pequenos (3 colheres de sopa)
tiras de tomate e ramos de salsinha para decorar

Utensílios necessários:
liqüidificador, prato redondo

azeite e sal, preparar um molho e temperar os camarões.

MONTAGEM:
Em um prato redondo, colocar no centro a maionese de ariá misturada com os camarões fritos, descascados e temperados com o molho. Decorar com os camarões maiores com casca, tiras de tomate e ramos de salsa.

VINHO: Esse tipo de batata, invejável por sua qualidade, enriquece este prato de ingredientes amazonenses. Sugiro um vinho branco com uma ótima estrutura, levemente barricado, para enfrentar os aromas marcantes paraenses; minha opção seria um Chardonnay australiano, moderno e elegante, mas com pouca barrica, do Vale de McLaren.

Massas

Ravióli Crocante de Batata com Recheio de Cogumelo

A FAVORITA | Belo Horizonte

450g de batata (3 unidades grandes)
30ml de azeite extravirgem (3 colheres de sopa)
50g de manteiga sem sal (2 colheres de sopa)
500g de cogumelo fresco (metade cogumelo-de-paris, metade shiitake)
30g de alho fatiado (6 dentes)
30g de cebola fatiada (1 unidade pequena)
5g de folhas de tomilho fresco (1 colher de chá)
sal e pimenta-do-reino moída na hora a gosto
30g de salsinha picada (3 colheres de sopa)
1 gema

Utensílios necessários: assadeira, papel-manteiga, toalha de papel, processador de alimentos

PREPARO:

1. Aquecer o forno a 180°C.
2. Descascar as batatas e cortá-las, no sentido longitudinal, em fatias bem finas de modo a obter 24 fatias.
3. Forrar uma ou mais assadeiras com papel-manteiga, untar com 1 colher de sopa de azeite e dispor as fatias de batata sem sobrepô-las.
4. Assar as batatas até ficarem macias e amarelas (de 10 a 20 minutos). Se começarem a dourar, abaixar a temperatura do forno. Retirar do forno, deixar esfriar e enxugar com toalha de papel.
5. Em uma frigideira, aquecer a manteiga em fogo alto, colocar os cogumelos, o alho, a cebola, o tomilho, o sal e a pimenta. Cozinhar durante 15 minutos aproximadamente, até a água evaporar e os cogumelos ficarem dourados. Acrescentar a salsinha e passar pelo processador somente até ficarem picados grosseiramente.
6. Bater a gema. Untar um lado da fatia de batata com a gema. Colocar um pouco

do recheio de cogumelos no centro da fatia, dobrar e pressionar com os dedos para selar bem. Deixar descansar por 5 minutos. Repetir o mesmo procedimento com as demais fatias.
7. Em uma frigideira, colocar o restante do azeite e dourar os raviólis aos poucos, cerca de 1 minuto de cada lado.
8. Servir quente ou morno.

VINHO: Para este prato delicado, porém, aromático, sugiro um vinho moderadamente encorpado. Pode ser da variedade Merlot e, de preferência, proveniente do Cone Sul por suas características estruturais e agradáveis.

Nhoque Recheado com Carne-Seca

ESCH CAFE (LEBLON) | Rio de Janeiro

500g de carne-seca
500g de batata (5 unidades médias)
1 ovo pequeno
150g de farinha de trigo (1 1/2 xícara)
1g de sal (1/2 colher de café)
1g de noz-moscada (1/2 colher de café)
600ml de molho de tomate (opcional) – (ver receita na p. 163)

Utensílios necessários: escorredor, tabuleiro, escumadeira

PREPARO:

1. Dessalgar* a carne-seca deixando-a de molho em água na geladeira por 48 horas, trocando a água duas vezes ao dia. Ao final, cozinhar a carne-seca, escorrer, limpar e desfiar.

2. Descascar as batatas e cozinhá-las. Amassá-las, espalhar em um tabuleiro e deixar esfriar.

3. Depois de frias, acrescentar o ovo, metade da farinha, o sal e a noz-moscada. Amassar bem até a massa estar com uma boa consistência. Se necessário, acrescentar mais farinha. Dispor a carne-seca desfiada e misturar bem a massa. Com a massa, fazer rolinhos de 1,5cm de espessura. Cortar os nhoques com 2cm de comprimento. Levá-los para cozinhar em água fervente. Assim que vierem à tona, escorrer com uma escumadeira e colocar em um recipiente. Servir com o molho de sua preferência. Sugere-se molho de tomate.

VINHO: Este nhoque diferente, recheado com uma boa carne-seca, pede um vinho tinto de personalidade. Minha escolha recai num excelente Barbera jovem, de bom aroma abaunilhado, que combinaria com o sabor da carne-seca.

Gnoccheti de Peixe

RISTORANTE BOLOGNA | Curitiba

Para a massa:
600g de batata (6 unidades médias)
100g de cebola picada (1 unidade grande)
10g de alho (2 dentes triturados)
20ml de óleo (2 colheres de sopa)
300g de filé de linguado
100ml de vinho branco (1/2 xícara)
sal e pimenta-do-reino a gosto
1 ovo
150g de farinha de trigo (1 1/2 xícara)
ciboulette* picada fino a gosto

Para o molho:
20ml de azeite (2 colheres de sopa)
100g de alho-poró picado (2 1/2 talos)
10g de filé de anchova (2 unidades)
20g de patê de azeitonas (1 colher de sopa)
350g de tomate sem pele cortado em tiras largas (3 1/2 unidades médias)
10g de sálvia fresca picada (1 colher de sopa)
10g de alecrim fresco picado (1 colher de sopa)
sal e pimenta a gosto

Preparo da massa:

1. Cozinhar as batatas com a casca.
2. Refogar a cebola e o alho no óleo.
3. Cortar o linguado em pedaços e juntá-lo na frigideira, deixando-o por alguns minutos. Acrescentar o vinho, deixar evaporar e acertar o sal e a pimenta. Cozinhar por mais 5 minutos. Deixar esfriar e passar pelo processador.
4. Descascar as batatas e passá-las pelo espremedor, espalhando a massa sobre a mesa e deixando um círculo no meio. Adicionar o ovo, a mistura do peixe e a farinha aos poucos até obter uma massa compacta e macia. Por fim, acrescentar a ciboulette. Deixar coberto enquanto prepara o molho.

Preparo do molho:

1. Em uma frigideira com azeite, refogar o alho-poró e acrescentar a anchova, achatando-a com o garfo, o patê de azeitonas, o tomate, a sálvia e o alecrim. Temperar com sal e pimenta a gosto, deixar no

fogo por 6 a 7 minutos, mantendo os tomates em pedaços inteiros.

2. Com a massa de batata, formar os nhoques, passando o garfo para deixar a clássica linha do riscado. Cozinhar os nhoques em água fervente com sal e escorrê-los à medida que começam a boiar na panela. Colocar na sopeira e cobrir com o molho. Por causa da presença do peixe, não é necessário acrescentar parmesão neste prato.

Utensílios necessários: processador de alimentos, espremedor de batata, sopeira

VINHO: As anchovas e o peixe conferem personalidade e produzem um resultado agradável. Para este prato, sugiro um vinho tinto bem leve, quem sabe um Pinot Noir pouco tânico, mas com suficiente personalidade para equilibrar o gosto marcante das anchovas.

Nhoque de Batata-Doce com Ragu de Carne-de-Sol

LA SAGRADA FAMILIA | Rio de Janeiro

Para o nhoque:
1kg de batata-doce cozida
(aproximadamente
5 unidades médias)
50g de ricota fresca (1/3
de xícara)
100g de mozarela ralada
(1/2 xícara)
250g de farinha de trigo
(2 1/2 xícaras)
1 pitada de noz-moscada
3,5g de açúcar mascavo
(1/2 colher de chá)
sal e pimenta-do-reino moída
na hora a gosto
1 ovo pequeno
12,5g de margarina (1/2 colher
de sopa)
5ml de óleo para a água de
cozimento do nhoque
(1/2 colher de sopa)

Para o molho de tomate:
500g de tomate maduro
(5 unidades grandes)
300ml de água (1 1/2 xícara)
5g de alho (1 dente)
sal a gosto
1 pitada de açúcar

Para o ragu de carne-de-sol:
500g de carne-de-sol
50g de cenoura (1/2 unidade
grande)
20g de aipo (1/2 talo)

Preparo do nhoque:

1. Descascar e cozinhar a batata-doce sem acrescentar sal. Passar a batata-doce cozida pela máquina de moer carne (elétrica) ou pelo espremedor de batata, juntamente com a ricota e a mozarela. Numa masseira ou à mão, juntar a farinha e misturar bem, garantindo uma mistura homogênea. Acrescentar os temperos, o ovo e a margarina e tornar a misturar.

2. Preparar com a massa resultante nhoques cilíndricos de cerca de 5cm de comprimento e 2cm de diâmetro. Utilizar farinha de trigo para a massa não colar na palma das mãos, na hora de enrolá-la.

3. Levar ao fogo uma panela com 4 litros de água salgada a gosto e o óleo. Manter ao lado uma panela com água gelada. Quando a água da primeira panela ferver, colocar, aos poucos, os nhoques para cozer. O cozimento é rápido e termina quando eles subirem para a superfície da água. Retirá-los com o auxílio de uma escumadeira e mergulhá-los imediatamente na panela

de água gelada. Deixá-los permanecer ali por aproximadamente 10 minutos. Retirá-los e reservar. Se for guardar por mais de um dia, acondicioná-los em um tabuleiro untado com óleo.

Preparo do molho de tomate:
Dar dois talhos rasos em forma de cruz ao redor dos tomates e fervê-los por 1 minuto. Escorrer e com a ponta de uma faquinha, soltar e retirar as peles. Cortar os tomates ao meio e retirar as sementes. Em seguida, cortá-los em pedaços grandes e cozinhar em uma panela com a água, juntando o dente de alho descascado e inteiro, o sal e a pitada de açúcar. Quando o molho estiver pronto e com consistência firme, depois de cerca de 20 minutos, descartar o dente de alho.

Preparo do ragu de carne-de-sol:
1. Assar a carne-de-sol em uma assadeira untada com manteiga, por cerca de 30 minutos em forno alto (250°C). Depois de pronta, deixar esfriar e cortar em pedacinhos de 0,5cm.
2. Picar do mesmo tamanho a cenoura, o aipo, o pimentão limpo (sem miolo), a cebola e 1 dente de alho. Reservar.
3. Em uma caçarola, dourar a cebola e o restante do alho picado na metade da

15g de pimentão vermelho
(1/4 de unidade pequena)
10g de cebola (1/2 unidade pequena)
7,5g de alho (1 1/2 dente)
100g de manteiga sem sal
(4 colheres de sopa)
30ml de azeite (3 colheres de sopa)
sal e pimenta-do-reino moída na hora a gosto
4 ramos de tomilho para decorar
queijo parmesão ralado na hora a gosto

Utensílios necessários:
máquina de moer carne elétrica (opcional) ou espremedor de batata, masseira (opcional), espátula, panela com capacidade para 4 litros, escumadeira, escorredor, caçarola, assadeira

manteiga e do azeite. Acrescentar a carne-de-sol e deixar refogar por uns instantes. Em seguida, juntar os legumes picados. Verificar o sal e a pimenta. Acrescentar o restante da manteiga e do azeite e esperar apurar.

MONTAGEM:
Montar os pratos dispondo ao redor o nhoque de batata-doce regado com molho de tomates frescos. No centro, colocar o ragu. Decorar os pratos com um raminho de tomilho fresco. Oferecer queijo parmesão ralado na hora.

VINHO: O toque aromático e claro do pimentão e a força da carne-de-sol me levam a escolher um vinho que possua algumas dessas características. Prefiro um Cabernet Sauvignon do Novo Mundo, com traços levemente mentolados e de eucalipto: um bom australiano ou até mesmo um grande chileno.

Nhoque Pernambucano

OFICINA DO SABOR | Olinda

Preparo da massa:
Cozinhar as batatas com as cascas e, depois de cozidas, descascá-las e passar pelo espremedor ainda quentes. Logo em seguida juntar os ovos e a manteiga misturando para formar um purê. Depois, numa base de mármore, acrescentar metade do queijo parmesão e aos poucos a farinha de trigo, amassando até soltar das mãos. Enrolar em tiras e cortar em pequenos cubos. Cozinhar na água fervendo com sal e depois escorrer.

Preparo do molho:
Derreter a manteiga com o azeite, acrescentar o alho-poró e refogar. Adicionar os tomates. Temperar com sal a gosto e o manjericão.

MONTAGEM:
Misturar o nhoque com o queijo de coalho cortado em cubinhos, cobrir com o molho, polvilhar o restante do queijo parmesão e levar ao forno alto para gratinar.*

Para a massa:
500g de batata (5 unidades médias)
2 ovos
125g de manteiga sem sal (5 colheres de sopa)
50g de queijo parmesão (4 colheres de sopa)
500g de farinha de trigo (5 xícaras)

Para o molho:
50g de manteiga (2 colheres de sopa)
50ml de azeite (2 colheres de sopa)
200g de alho-poró (5 talos)
2 latas de tomate pelado
sal a gosto
40g de manjericão (1/2 maço)
250g de queijo de coalho (1 1/4 xícara) para decorar

Utensílios necessários:
espremedor de batata, escorredor

VINHO: Um prato típico, com sotaque pernambucano cedido pelo queijo de coalho. A leve acidez do queijo e do tomate sugere um vinho tinto jovem com poucos taninos e grande frescor – um Beaujolais seria um ótimo parceiro, se for um cru, tanto melhor!

Tortelli de Batatas

ORIUNDI | Vitória

Preparo da massa:

1. Peneirar a farinha e o sal sobre uma superfície lisa. Fazer uma depressão no centro e colocar os ovos e o azeite. Misturar com um garfo fazendo movimentos circulares, incorporando a farinha aos poucos. Trabalhar a massa até ficar lisa e homogênea. Deixar descansar por 15 minutos coberta com filme plástico.
2. Passar a massa na máquina até abrir uma folha fina. Colocar a massa numa superfície lisa e enfarinhada e preencher com 1 colher de sopa de recheio, dando espaço entre eles, sobre uma metade da massa aberta. Dobrar a outra metade sobre os recheios, amassar entre os recheios e apertar bem. Cortar com um aro de 6cm e fechar bem a massa. Cozinhar aos poucos em água fervente salgada.

Preparo do recheio:

Refogar a cebola e o alho no azeite até murchar* e misturar os outros ingredientes formando uma massa leve. Acrescentar

Para a massa:
500g de farinha de trigo (5 xícaras)
sal a gosto
4 a 5 ovos
5ml de azeite (1 colher de chá)

Para o recheio:
30g de cebola picada (1 unidade pequena)
5g de alho picado (1 dente)
20ml de azeite (2 colheres de sopa)
500g de batata cozida e amassada como purê (5 unidades médias)
25g de salame italiano picado (1 1/2 colher de sopa)
1 gema
1 filé de anchova lavado e picado
10g de azeitona preta picada (1 colher de sopa)
10g de alcaparra picada (1 colher de sopa)
10g de parmesão ralado (1 colher de sopa)
5g de salsa picada (1 colher de chá)
50g de mozarela defumada picada (2 colheres de sopa)
farinha de trigo que baste
sal e pimenta-do-reino a gosto

Para o molho:
40g de manteiga sem sal
   (2 1/2 colheres de sopa)
40ml de azeite extravirgem
   (3 colheres de sopa)
200g de tomate concassé*
10g de azeitona preta laminada
   (1 colher de sopa)
10g de alcaparra miúda
   (1 colher de sopa)
50ml da água de cocção da
   massa (5 colheres de sopa)
5g de folhas de salsa inteiras
   para decorar (1 colher
   de sopa)

Utensílios necessários:
peneira, filme plástico, máquina de abrir massa, aros de 6cm

farinha de trigo até a massa soltar das mãos. Verificar o tempero.

Preparo do molho:

Derreter a manteiga com o azeite e aquecer o tomate, as azeitonas e as alcaparras. Acrescentar a água de cocção e deixar encorpar um pouco. Verificar o tempero.

MONTAGEM:

Distribuir os tortelli em 4 pratos de serviço e cobrir com o molho, com um fio de azeite extravirgem. Decorar com as folhas inteiras de salsa.

VINHO: Com esta riqueza de recheio, eu serviria um vinho tinto do Veneto italiano, um excelente Refosco Del Piave. Por quê? Pela característica camponesa que este vinho possui, componentes naturais e aromas de pele de salame criarão a tão desejada harmonia entre esses dois elementos de desejo.

Peixes

Lotte em Crosta de Batata com Mousseline de Batata-Baroa

CANTALOUP | São Paulo

720g de lotte (4 filés de 180g cada um)
sal e pimenta-do-reino a gosto
300g de batata *Binge* (2 unidades grandes)
1kg de batata-baroa
1 litro de água
600ml de creme de leite fresco (3 xícaras)
1 pitada de noz-moscada
1 litro de óleo de girassol

Utensílios necessários:
palitos, máquina japonesa de fazer macarrão ou máquina para descascar laranja, batedeira, termômetro para fritura

PREPARO:

1. Temperar os filés com sal e pimenta, enrolar, prender com um palito e reservar.
2. Descascar as batatas. Em uma máquina japonesa de cortar macarrão ou para descascar laranja, colocar uma batata de cada vez e cortá-la como fios de macarrão. Colocar na água e reservar.
3. Descascar as batatas-baroas, cortar em cubos pequenos e cozinhar na água. Quando a água estiver secando, acrescentar o creme de leite. Deixar cozinhando por mais 10 minutos. Retirar do fogo, deixar esfriar um pouco, acrescentar a noz-moscada e bater em uma batedeira formando o purê. Temperar o purê com sal e pimenta e reservar.
4. Enrolar os filés de peixe com o macarrão de batata.
5. Colocar o óleo para esquentar a 120ºC utilizando o termômetro para verificar a temperatura. Fritar o peixe no óleo até o

macarrão ficar dourado. Retirar do óleo com uma escumadeira. Tirar o palito.

MONTAGEM:
Colocar o purê de batata-baroa no centro do prato e dispor o peixe por cima.

VINHO: O peixe, bem como a batata delicada, apesar de frita, recomenda um vinho não muito rico em acidez, talvez um excelente Viognier de procedência argentina ou até um Torrontes do mesmo país.

Montinhos de Batata e Torresmo de Tilápia

DIVINA GULA | Maceió

600g de batata (6 unidades médias)
200g de couve (10 folhas grandes sem o talo)
150g de cebola (1 unidade média)
300ml de creme de leite fresco (1 1/2 xícara)
70g de manteiga sem sal (3 colheres de sopa)
50ml de suco de limão (5 colheres de sopa)
sal e pimenta-do-reino branca a gosto
400g de filé de tilápia
150ml de vinho branco seco (aproximadamente 2/3 de xícara)
5g de alho (1 dente)
80g de fubá de milho (8 colheres de sopa)
500ml de óleo de milho (2 1/2 xícaras)
50g de agrião (3 colheres de sopa)
160g de tomate-cereja (aproximadamente 15 unidades)
20ml de azeite (2 colheres de sopa)

Utensílios necessários:
4 aros de inox de 8cm cada um

PREPARO:

1. Numa panela, cozinhar as batatas com casca por 1 hora, descascar, reduzir* a purê e reservar.

2. Cortar a couve em tiras finas e levá-las para cozinhar no vapor por 2 minutos. Depois picar em pedaços menores e reservar.

3. Em outra panela, colocar a cebola cortada em cubos pequenos adicionando o creme de leite. Cozinhar por 5 minutos. Misturar a batata, a couve, o creme com a cebola, a manteiga, o limão e a pimenta. Acertar o sal. Reservar.

4. Cortar o filé de tilápia em quadrados e deixar marinar* por 15 minutos numa mistura de vinho, alho, sal e pimenta. Passá-los no fubá e fritar no óleo quente até ficarem dourados e crocantes.

MONTAGEM:

No centro de cada prato colocar um aro de 8cm untado e encher com o purê. Retirar o aro, colocar a tilápia ao lado e uma saladinha de agrião e tomate cereja temperada com azeite, sal e limão.

VINHO: Com o crocante da tilápia e a pequena torta de batata, sugiro um vinho branco da casta Chardonnay. Poderia ser um vinho de origem brasileira, pelo fato de nossos Chardonnay conterem uma certa acidez que torna o prato apetitoso e forma um par de excelência pela discreta estrutura.

Atum com Batata Gratinada ao Nirá

ESCH CAFE (CENTRO) | Rio de Janeiro

Para o atum:
1 molho de nirá
600g de batata (4 unidades grandes)
8g de sal (4 colheres de café)
250ml de azeite (1 1/4 xícara)
1g de ervas finas (1/2 colher de café)
2g de pimenta-do-reino moída na hora (1 colher de café)
800g de filé de atum limpo (8 medalhões de 100g cada um)

Para o molho:
40g de manteiga sem sal (aproximadamente 2 colheres de sopa)
10g de farinha de trigo (1 colher de sopa)
400ml de creme de leite fresco (2 xícaras)
1 litro de leite
1 gema
2 molhos de nirá lavado e cortado em pedaços de 2cm
sal a gosto

Para a montagem:
60g de queijo parmesão (6 colheres de sopa)
1 molho de nirá lavado e cortado em pedaços de 2cm

Utensílio necessário:
escorredor

Preparo do atum:

1. Lavar e cortar os molhos de nirá em pedaços de 2cm.
2. Lavar e descascar as batatas. Cortá-las em rodelas e cozinhar com metade do sal. Escorrer.
3. Misturar o azeite com as ervas, a pimenta, o restante do sal e 1 molho de nirá.
4. Colocar os medalhões no azeite e levar ao forno médio (180ºC).

Preparo do molho:
Aquecer a manteiga, acrescentar a farinha. Mexer até formar uma massa homogênea. Adicionar o creme de leite mexendo sempre, aos poucos. Dispor o leite. Manter em fogo brando, mexendo, até engrossar. Colocar a gema, 2 molhos de nirá e o sal, deixar cozinhar por 2 minutos.

MONTAGEM:

1. Dispor camadas alternadas de molho e batatas, começando e terminando com o molho. Polvilhar o queijo ralado e o

molho de nirá restante. Levar ao forno quente para gratinar.*

2. Colocar 2 medalhões no lado esquerdo de cada prato, regando com o azeite de cocção. Do lado oposto, dispor as batatas.

Obs.: Para esta receita, foi considerado 1 molho de nirá contendo em média 6 ramos, o tamanho usual encontrado em hortifrutis.

VINHO: Por essa combinação de peixe e batata misturada ao alho japonês, indico um vinho tinto da variedade Cabernet Franc, do Vale do Loire ou do norte da Itália, pouco tânico e bem frutado.

Batatas Crocantes com Bacalhau ao Molho de Azeitonas

GALANI | Rio de Janeiro

200g de bacalhau fresco
sal e pimenta-do-reino a gosto
400g de batata-inglesa
(4 unidades médias)
50ml de azeite (5 colheres de sopa)
150g de azeitona preta picada
80g de tomate sem pele e sem semente cortado em cubos (1 unidade média)
50ml de vinho branco (5 colheres de sopa)
100ml de caldo de peixe (1/2 xícara) – (ver receita na p. 161)
6 folhas de manjericão picadas
20g de manteiga sem sal (aproximadamente 1 colher de sopa)
ramos de manjericão e funcho para decorar

Utensílio necessário:
refratário ou forma

PREPARO:

1. Cortar o bacalhau em cubos, temperar com sal e pimenta a gosto e reservar.
2. Em seguida, cortar a batata em lâminas, cozinhar por 2 minutos e retirar do fogo.
3. Untar um refratário ou uma forma com 1 colher de sopa de azeite e dispor as lâminas de batatas em 4 círculos. No centro dos círculos, colocar o bacalhau e cobrir com o restante das lâminas. Levar ao forno preaquecido (170ºC) por 10 minutos.
4. Saltear* as azeitonas com o restante do azeite e acrescentar o tomate, o vinho e deixar reduzir* por 2 minutos em fogo brando. Adicionar o caldo de peixe e o manjericão. Ferver por 3 minutos e encorpar com a manteiga.
5. Retirar do forno as batatas com o bacalhau e dispor uma porção no centro de cada prato. Regar com o molho de azeitonas e decorar com ramos de manjericão e funcho.

VINHO: Para esta receita em que o bacalhau desponta com clareza e é um pouco amenizado pela batata, eu escolheria um tinto típico do Douro – nova febre mundial. Taninos firmes mas aveludados de um vinho com discreto envelhecimento seria uma perfeição.

Salmão em Crosta de Batata ao Creme de Gengibre e Cenoura Caramelizada

KOJIMA | Recife

Para o creme de gengibre:
500g de gengibre ralado (2 xícaras)
50g de cebola ralada (1 unidade média)
50g de manteiga sem sal (2 colheres de sopa)
500ml de creme de leite fresco (2 1/2 xícaras)
sal e pimenta-do-reino a gosto

Para a cenoura:
5ml de óleo de milho (1 colher de sobremesa)
1 pitada de açúcar
100g de cenoura cortada em rodelas (1 unidade grande)

Para o salmão:
880g de salmão (4 filés de 220g cada um)
sal e pimenta-do-reino a gosto
150g de batata (1 unidade média)
25g de cebola (1/2 unidade média)
20g de manteiga sem sal (aproximadamente 1 colher de sopa)

Preparo do creme de gengibre:
Numa panela, refogar o gengibre e a cebola na manteiga até estarem cozidos. Acrescentar o creme de leite e ferver. Bater tudo no liqüidificador e coar. Levar a panela de volta ao fogo e deixar reduzir* até adquirir consistência cremosa. Temperar com sal e pimenta. Reservar.

Preparo da cenoura:
Numa frigideira antiaderente, aquecer o óleo, acrescentar o açúcar e fritar a cenoura. Quando estiver dourada, retirar as rodelas, secar em toalha de papel e reservar.

Preparo do salmão:
1. Temperar os filés de salmão com sal e pimenta e reservar.
2. Descascar a batata e, com a ajuda do descascador, cortar em tiras grandes. Cobrir cada filé com essas tiras, formando uma capa. Em uma frigideira antiaderente,

refogar a cebola na manteiga até ficar dourada. Retirar a cebola e colocar o salmão com a capa de batata voltada para baixo. Quando essa crosta estiver dourada, virar o filé com cuidado e terminar o cozimento, deixando-o ao ponto.

Utensílios necessários: liqüidificador, coador, frigideira antiaderente, toalha de papel, descascador de batata

MONTAGEM:

Distribuir o creme em pratos individuais aquecidos. Arrumar o salmão no centro com a crosta de batata para cima e, em volta, formando um círculo, dispor as rodelas de cenoura.

VINHO: O gengibre não é o melhor companheiro do vinho, mas pode dar um toque aromático interessante, escolhendo-se um ótimo espumante rosado (de preferência um champanhe).

Batatas com Salmão

PAPAGUTH | Vitória

600g de batata com casca (4 unidades grandes)
sal a gosto
100g de pimentão vermelho (2 unidades médias)
100g de pimentão verde (2 unidades médias)
400g de salmão (4 filés de aproximadamente 100g cada um)
100g de cogumelo fatiado (1 xícara)
50g de manteiga sem sal (2 colheres de sopa)
200ml de leite (1 xícara)
2,5g de pimenta dedo-de-moça (1/2 colher de chá)

PREPARO:

1. Numa panela, colocar as batatas, cobrir com água, acrescentar 1 colher de sopa de sal, deixar cozinhar por 20 minutos até que fiquem firmes e macias. Cortar uma tampa de cada batata, retirar a polpa, deixando uma borda de 0,5cm. Amassar bem a polpa e reservar.
2. Picar os pimentões e o salmão em cubos pequenos e fatiar os cogumelos.
3. Numa frigideira, refogar na manteiga os pimentões e os cogumelos por 5 minutos, acrescentar o leite, o sal, o salmão, a pimenta dedo-de-moça e metade da polpa. Deixar cozinhar até formar um creme espesso.
4. Rechear as batatas, colocar as tampas e deixar assar por 15 minutos a 200ºC. Servir quente.

VINHO: Para este prato com sabores distintos e marcantes, sugiro a presença de um vinho espumante seco, no qual as características do gás carbônico servem para limpar o paladar.

Laminados de Batata com Atum

QUINA DO FUTURO | Recife

Preparo dos laminados:
1. Temperar os filés de atum com o shoyu, a pimenta, o curry e o saquê. Reservar.
2. Em uma frigideira antiaderente bem quente, colocar 1/2 colher de sopa de manteiga e dourar rapidamente todos os lados do peixe, deixando-o malpassado. Reservar.
3. Repetir o mesmo processo com as batatas em tiras e as batatas laminadas, colocando 1/2 colher de manteiga e temperando com sal e Ajinomoto a gosto. Para ficarem crocantes, as batatas em tiras devem ser colocadas ainda cruas na frigideira bem quente e rapidamente refogadas. As batatas laminadas devem dourar um pouco mais, para ganhar maior flexibilidade.
4. Enrolar o atum com a batata laminada e cortar em fatias de aproximadamente 0,5cm de espessura.

Preparo do shoyu reduzido:
1. Colocar o shoyu, o açúcar, o Hondashi e

Para os laminados:
400g de atum fresco (4 filés de 100g cada um)
80ml de shoyu* (8 colheres de sopa)
6g de pimenta-do-reino (1 colher de chá)
15g de curry (1 1/2 colher de sopa)
50ml de saquê* kirin (5 colheres de sopa)
120g de manteiga sem sal (8 colheres de sopa)
280g de batata-inglesa em tiras (3 unidades: 2 médias e 1 pequena)
160g de batata-inglesa laminada no comprimento (1 unidade grande)
sal a gosto
5g de Ajinomoto (1 colher de chá)
20g de salsa (4 talos) para decorar

Para o shoyu reduzido:*
50ml de shoyu (5 colheres de sopa)
10g de açúcar cristal (2 colheres de chá)
5g de Hondashi (1 colher de chá)
2g de Ajinomoto (1/2 colher de café)

Utensílios necessários:
2 frigideiras antiaderentes, 1 laminador de frios

Batata | Aromas e Sabores da Boa Lembrança

o Ajinomoto em uma panela pequena, misturar bem todos os ingredientes e levar ao fogo brando por 10 minutos. Depois, passar para um recipiente e deixar esfriar.

MONTAGEM:
Centralizar as batatas em tiras e acrescentar a salsa. Colocar o atum fatiado em forma de círculo no prato, deixando o vermelho do atum à mostra. Decorar o prato com o shoyu reduzido ao redor.

VINHO: Para acompanhar o curry, o shoyu e outros ingredientes aromáticos, experimente um espumante brut ou um Gewürztraminer alsaciano envelhecido.

Pasta de Batatas Picantes com Abacate e Agulhas Fritas

WANCHAKO | Maceió

Preparo da pasta:

Cozinhar as batatas sem casca até ficarem suaves. Passar pelo espremedor ainda quentes. Temperá-las com o sal, o óleo, a pimenta, o suco dos limões e o tabasco. Misturar bem até que todos os ingredientes se incorporem.

Preparo do recheio:

1. Cortar o abacate em rodelas sem casca.
2. Cortar as cebolas à juliana,* dar uma leve fervura e escorrer. Temperar com 3g de sal, o azeite, o caldo de 1 limão e reservar.
3. Temperar as agulhas com o restante do sal e o caldo do outro limão. Passar na farinha e fritá-las em óleo em temperatura moderada até que fiquem douradas.

MONTAGEM:

Untar com azeite um molde e colocar a metade da pasta embaixo. Dispor as rodelas de abacate no meio e o restante da pasta por cima. Para cobrir a última pasta,

Para a pasta:
800g de batata-inglesa
 (8 unidades médias)
10g de sal (1 colher de sopa)
140ml de óleo
 (aproximadamente
 3/4 de xícara)
5g de pimenta-do-reino branca
 (1 colher de chá)
60ml de suco de limão
 (2 unidades)
10ml de tabasco (1 colher
 de sopa)
1 ramo de manjericão roxo
 para decorar

Para o recheio:
200g de abacate (1 unidade
 pequena)
100g de cebola roxa (1 unidade
 grande)
5g de sal (1 colher
 de sobremesa)
50ml de azeite (5 colheres
 de sopa)
60ml de suco de limão
 (2 unidades)
280g de filés de agulha
 (4 unidades)
100g de farinha de trigo
 (1 xícara)
1 lata de óleo

Utensílios necessários:
espremedor de batata,
escorredor, molde vazado de 6cm

colocar as cebolas temperadas. Retirar o molde e dispor as agulhas fritas mergulhadas na pasta com o rabinho para cima. Decorar com o ramo de manjericão roxo.

VINHO: O gosto rico e untuoso do abacate e o crocante da fritura da agulha pedem um vinho branco rico em acidez para limpar nosso paladar. Sugiro um belo Vermentino da Sardenha ou até mesmo um Sauvignon da África do Sul.

Sobremesas

Queques de Batata

CALAMARES | Porto Alegre

150g de amêndoas cruas (1 1/2 xícara)
220g de batata-rosa crua (2 unidades médias)
400g de açúcar (2 1/2 xícaras)
200ml de água (1 xícara)
20g de maisena (2 colheres de sopa)
30g de margarina (aproximadamente 1 colher de sopa)
8 gemas
30g de açúcar para polvilhar (3 colheres de sopa)
10g de canela para polvilhar (1 colher de sopa)

Utensílios necessários: liqüidificador, 12 forminhas de empada, 12 forminhas de papel

Rendimento: 12 unidades

PREPARO:

1. Escaldar as amêndoas para retirar a pele e triturá-las no liqüidificador. Reservar.
2. Cozinhar as batatas e, em seguida, esmagá-las com a ajuda de um garfo. Reservar.
3. Numa panela média, dissolver o açúcar na água, levar ao fogo e deixar ferver durante 5 minutos. Sem retirar do fogo, misturar a batata, as amêndoas, a maisena e a margarina, mexendo sempre em fogo brando. Estando todos os ingredientes bem misturados, retirar do fogo e deixar esfriar um pouco. Bater as gemas e acrescentá-las à mistura morna, envolvendo bem.
4. Untar as forminhas com margarina, polvilhar com farinha e distribuir a massa. Levar ao forno preaquecido a 180°C, durante 30 a 40 minutos. Retirar das formas enquanto ainda mornas e polvilhar com uma mistura de açúcar e canela. Deixar esfriar e servir em forminhas de papel.

VINHO: Um prato de sobremesa criativo em que, certamente, a canela revela plenamente suas virtudes aromáticas. Sugiro, para acompanhar, um vinho da família dos *late harvest* (vindima tardia); a procedência fica a cargo da nossa fantasia. Pode ser um excelente Semillon/Sauvignon chileno ou o mágico Sauternes.

Marrom-Glacê Brasileiro

GOSTO COM GOSTO | Visconde de Mauá

200ml de água (1 xícara)
250g de açúcar refinado
 (1 1/3 xícara)
500g de batata-doce cozida
 passada no processador
 (2 1/2 unidades médias)
5ml de essência de baunilha
 (1 colher de chá)
20ml de licor de cacau
 (2 colheres de sopa)
50g de açúcar de confeiteiro
 para decorar (1/3 de xícara)

Utensílios necessários:
processador de alimentos,
24 forminhas para bombom

Rendimento: 24 unidades pequenas

PREPARO:

Fazer uma calda grossa, com a consistência de mel, com a água e o açúcar. Acrescentar os demais ingredientes e cozinhar mexendo sempre até desprender da panela. Utilizar forminhas de bombom em formato de castanha untadas para moldar ou fazer bolinhas com a mão. Depois de frios, retirar e passar no açúcar de confeiteiro ou colocar em um pote com calda de açúcar.

VINHO: Com esse curioso marrom-glacê combina perfeitamente um ótimo vinho Marsala. Embora a doçura esteja presente, o licor de cacau me obriga a optar por um vinho de boa alcoolicidade, que diminui bastante o amargor eventualmente conferido ao doce pelo cacau.

Merengue de Marrom-Glacê

MISTURA FINA | Rio de Janeiro

PREPARO:
1. Derreter o marrom-glacê com a água e o conhaque em fogo baixo. Reservar.
2. Bater as claras em neve. Misturar o marrom-glacê derretido com as claras em neve.
3. Cozinhar a batata-doce cortada em rodelas não muito finas. Depois saltear* na manteiga. Temperar com sal, açúcar, noz-moscada, pimenta e suco de limão.
4. Em um recipiente refratário ou em quatro potinhos individuais, fazer uma camada com as rodelas de batata-doce, apertando bem. Fazer outra camada com a mistura de marrom-glacê. Levar ao forno preaquecido em temperatura média (180°C), assar até dourar e servir quente.

100g de marrom-glacê nacional
30ml de água (3 colheres de sopa)
7ml de conhaque (1 colher de sobremesa)
4 claras
300g de batata-doce (1 1/2 unidade média)
5g de manteiga sem sal (1 colher de sobremesa)
1 pitada de sal
5g de açúcar (1 colher de chá)
5g de noz-moscada (1 colher de chá)
pimenta-do-reino a gosto
25ml de suco de limão (2 1/2 colheres de sopa)

Utensílios necessários:
batedeira, recipiente refratário ou 4 potinhos individuais

VINHO: Uma bela expressão brasileira de como podemos empregar a batata; neste caso, pela marcante doçura, sugiro acompanhar esta sobremesa com um vinho típico do sul do Mediterrâneo, um Malvasia doce das ilhas Lipari, que nascem ao lado da bucólica Sicília.

Crepe Brûlée de Batata-Doce e Chocolate

O NAVEGADOR | Rio de Janeiro

Para a massa:
200g de farinha de trigo (2 xícaras) (pode-se substituir por 100g de farinha integral e 100g de farinha comum)
1 ovo
540ml de leite (2 3/4 xícaras)
5g de sal (1 colher de chá)
75g de manteiga sem sal derretida (3 colheres de sopa)
5ml de licor de fruta (Cointreau ou Mandarineto) ou de cachaça (1 colher de chá) – opcional
óleo de milho para untar

Para o recheio:
200ml de creme de leite fresco do tipo doce (1 xícara)
250g de açúcar (aproximadamente 2 xícaras)
800g de batata-doce (4 unidades médias)
150ml de água (3/4 de xícara)
1 fava de baunilha
1 pedaço de 4cm de casca de limão

Para a calda de chocolate:
400g de chocolate meio-amargo em barra
50ml de leite (5 colheres de sopa)

Preparo da massa:
1. Num recipiente, bater todos os ingredientes.
2. Untar uma frigideira antiaderente com o óleo e retirar o excesso com toalha de papel. Guardar esse papel para untar a frigideira entre um crepe e outro. Fazer crepes fininhos e reservar.

Preparo do recheio:
1. Bater o creme de leite gelado, com 60g de açúcar, até ficar em ponto de chantilly.
2. Descascar e cozinhar as batatas.
3. Em uma panela, fazer uma calda com o restante do açúcar, a água, a baunilha e a casca do limão. Deixar ferver por 15 minutos em fogo alto. Juntar a batata cozida e espremida. Cozinhar em fogo baixo por 20 minutos mexendo sempre.

Preparo da calda de chocolate:
Derreter no microondas o chocolate picado. Juntar o leite e misturar bem. Reservar.

MONTAGEM:

1. Fazer um rabisco no fundo do prato com a calda de chocolate.
2. Colocar no centro de cada crepe, 1 colher de sopa do doce de batatas, um pouco da calda de chocolate e, por cima, 1 colher do creme chantilly. Fazer uma espécie de "charuto", enrolando bem fininho.
3. Cobrir com açúcar cristal e "queimar" com o maçarico. Servir imediatamente.

VINHO: Uma sobremesa de difícil interpretação, mas com um pouco de criatividade enológica consegue-se encontrar um vinho capaz de diminuir e amenizar o chocolate meio-amargo e a aromaticidade do limão. Para isso, eu serviria um raro mas grandioso Pineau des Charentes!

Para a montagem:
150g de açúcar cristal (aproximadamente 1 xícara)

Utensílios necessários:
frigideira antiaderente de 15cm, espremedor de batata, maçarico de cozinha, toalha de papel

Rendimento: 20 unidades pequenas

Pudim Marrom-Glacê

QUADRIFOGLIO | Rio de Janeiro

250g de batata-doce cozida sem casca (2 unidades grandes)
100g de chocolate meio-amargo
1 lata de leite condensado
800ml de leite (2 vezes a medida do leite condensado)
4 ovos grandes inteiros (ou 5 pequenos)
30ml de extrato de baunilha (3 colheres de sopa)
250g de açúcar para caramelizar* (1 3/4 xícara)
palitos de casca de laranja cristalizada para decorar

Utensílios necessários: espremedor de batata, forma para pudim, de preferência com furo no meio, palito

Rendimento: 6 porções

PREPARO:

1. Passar as batatas quentes pelo espremedor. Reservar.
2. Derreter o chocolate em banho-maria.* Reservar.
3. No liqüidificador, bater o leite condensado, o leite de vaca e os ovos. Colocar num recipiente e misturar a batata, a baunilha e o chocolate derretido.
4. Derreter o açúcar numa panela e caramelizar a forma. Despejar a mistura na forma e levar ao forno em banho-maria à temperatura média (180°C) por 40 minutos aproximadamente. Testar com um palito. Deixar esfriar e desenformar. Enfeitar com palitos de casca de laranja cristalizada.

VINHO: Uma outra versão de marrom-glacê brasileiro, para a qual sugiro um vinho que ama o chocolate: um vinho do Porto Tawny, despretensioso, mas excelente para acompanhar. A marca? A de sua preferência!

Torta de Batata-Doce

XAPURI | Belo Horizonte

Preparo da torta:

1. Bater o creme de leite até obter o ponto de chantilly e reservar na geladeira.
2. Colocar em um recipiente o açúcar, os ovos, a batata-doce e as nozes e bater tudo muito bem.
3. Bater as claras em neve e misturar suavemente à massa. Dividir a massa em três partes iguais e levar ao forno em forma pequena e rasa untada com manteiga e polvilhada com farinha de rosca.
4. Dissolver o suco de uva com 100g de geléia de uva e reservar.

Preparo do doce de batata-doce:

1. Cozinhar as batatas-doces com casca. Quando estiverem quase cozidas, retirá-las da panela e deixá-las escorrer. Descascar e cortar em fatias redondas e grossas.
2. Fazer uma calda com a água, o açúcar, a noz-moscada, o cravo e a canela em pau. Quando a calda, que deve ficar rala, ferver, colocar as rodelas de batata

Para a torta:
500g de creme de leite fresco gelado (2 1/2 xícaras)
500g de açúcar (2 xícaras)
8 ovos (reservar a clara de 5 ovos para fazer em neve)
500g de batata-doce cozida passada no espremedor (2 1/2 unidades médias)
250g de nozes moídas (2 1/2 xícaras)
25g de manteiga sem sal para untar (1 1/2 colher de sopa)
25g de farinha de rosca para polvilhar (1 1/2 colher de sopa)
300g de geléia de uva (1 1/2 xícara)
100ml de suco de uva (1/2 xícara)

Para o doce de batata-doce:
1kg de batata-doce (6 unidades médias)
1 litro de água
1kg de açúcar
noz-moscada, cravo e canela em pau a gosto

Utensílios necessários:
batedeira, forma redonda pequena para bolo (18cm), 1 vasilha funda ou compoteira grande

e deixar cozinhar. Retirar as rodelas cozidas com cuidado para não quebrarem, colocando-as em uma vasilha funda ou em uma compoteira grande. Esperar a calda engrossar mais e despejá-la por cima. Este doce é para decorar a torta. Esta receita pode ser feita com batata em rodelas ou outro formato a gosto.

MONTAGEM:

Montar a torta intercalando os discos de massa, recheando com geléia de uva e chantilly. Decorar com chantilly e o doce de batata-doce, fazendo nuanças com a mistura de suco e geléia de uva.

VINHO: Com esta bela e rica sobremesa, pela doçura e falta de acidez do prato sugiro, ao contrário, um vinho branco doce mas com marcada acidez. Poderia ser um Riesling Vendange Tardive ou até um Beerenauslese alemão, para criar uma excelente combinação e não tornar enjoativo o prato.

Receitas Básicas

Caldo de carne

3,5kg de ossos de boi
4 litros de água
400g de cebola picada
 (4 unidades grandes)
250g de cenoura picada
 (2 1/2 unidades grandes)
250g de aipo picado (6 unidades)
50g de salsa (aproximadamente
 1/2 maço)
40g de tomilho
 (aproximadamente 1/2 maço)
2 folhas de louro
4g de pimenta-do-reino em grãos
 (aproximadamente 1 colher
 de chá)
100g de alho (20 dentes)

Utensílios necessários: concha, peneira

Rendimento: 3 litros

PREPARO:

Lavar bem os ossos, colocar numa panela, cobrir com a água e levar ao fogo. Deixar ferver, diminuir a chama e cozinhar por 6 horas. Retirar as impurezas com a concha. Adicionar os demais ingredientes e cozinhar por mais 1 hora. Peneirar o caldo antes de usar.

Caldo de frango

PREPARO:

Lavar bem as carcaças, colocar numa panela, cobrir com água e levar ao fogo. Deixar ferver, diminuir a chama e cozinhar por 4 horas. Retirar as impurezas com a concha. Adicionar os demais ingredientes e cozinhar por mais 1 hora. Peneirar o caldo antes de usar.

3,5kg de carcaça de frango
5 1/2 litros de água
400g de cebola picada (4 unidades grandes)
250g de cenoura picada (2 1/2 unidades médias)
250g de aipo picado (6 unidades grandes)
50g de salsa (aproximadamente 1/2 maço)
40g de tomilho (aproximadamente 1/2 maço)
2 folhas de louro
4g de pimenta-do-reino em grãos (aproximadamente 1 colher de chá)
100g de alho (20 dentes)

Utensílios necessários: concha, peneira

Rendimento: 3 litros

Caldo de legumes

100ml de óleo (1/2 xícara)
400g de cebola (4 unidades médias)
100g de alho (20 dentes)
300g de alho-poró (aproximadamente 7 unidades)
150g de aipo (aproximadamente 4 unidades)
150g de cenoura (1 1/2 unidade grande)
150g de funcho (1 1/2 unidade)
4 litros de água
50g de salsa (galhos) – 5 colheres de sopa
40g de tomilho (galhos) – 4 colheres de sopa
2 folhas de louro
4g de pimenta-do-reino em grão (aproximadamente 1 colher de chá)
0,5g de cravo (1 unidade)
0,5g de semente de funcho (5 unidades)

Rendimento: 3 litros

PREPARO:

Esquentar uma panela com o óleo e refogar os legumes sem deixar pegar cor. Adicionar a água e os temperos. Deixar ferver, abaixar o fogo e cozinhar lentamente por 1 hora.

Caldo de peixe

PREPARO:

Lavar bem as carcaças de peixe. Numa panela, misturar todos os ingredientes. Deixar ferver, abaixar o fogo e cozinhar por 40 minutos, retirando as impurezas com uma concha. Peneirar o caldo.

5kg de carcaça de peixe
4,5 litros de água
350g de cebola (3 1/2 unidades grandes)
250g de alho-poró (aproximadamente 6 unidades)
250g de aipo (aproximadamente 6 unidades)
100g de funcho (aproximadamente 1 unidade)
100g de talos de cogumelos
50g de salsa (galhos) – 5 colheres de sopa
40g de tomilho (galhos) – 4 colheres de sopa
2 folhas de louro
4g de pimenta-do-reino em grão (aproximadamente 1 colher de chá)
100g de alho (20 dentes)

Utensílios necessários: concha, peneira

Rendimento: 3 litros

Molho branco

500ml de leite (2 1/2 xícaras)
60g de manteiga
(aproximadamente
2 colheres de sopa)
60g de farinha de trigo
(aproximadamente
1/2 xícara)
3g de noz-moscada ralada
(aproximadamente 1 colher de chá)
10g de sal (2 colheres de chá)
5g de pimenta-branca moída
(1 colher de sopa)

Utensílio necessário:
liqüidificador

Rendimento: 450ml

PREPARO:

1. Aquecer o leite em fogo baixo.
2. Derreter a manteiga e adicionar a farinha mexendo sem parar. Acrescentar o leite morno e mexer até engrossar. Temperar com a noz-moscada, o sal e a pimenta.

Molho de tomate

PREPARO:

1. Em uma panela, juntar o bacon, a manteiga e o alho e deixar dourar. Juntar a cebola, o aipo e a cenoura e mexer até começar a ficar macio. Juntar o trigo e mexer até ficar ligeiramente dourado.
2. Juntar o caldo de carne (mexendo bem para não embolotar) e acrescentar os tomates batidos no liqüidificador. Deixar ferver até reduzir* e engrossar. Juntar as ervas e o açúcar. Corrigir o sal e deixar ferver até a consistência desejada.

Obs.: Os tomates frescos podem ser substituídos por pelati em lata de 500g e batidos no liqüidificador, sem a água.

50g de bacon cortado bem fininho (2 1/2 colheres de sopa)
20g de manteiga ou margarina (1 colher de sopa)
10g de alho picado (2 dentes)
15g de cebola picada (2 colheres de sopa)
15g de aipo picado (2 colheres de sopa)
15g de cenoura picada ou ralada (2 colheres de sopa)
10g de farinha de trigo (1 colher de sopa)
150ml de caldo de carne (3/4 de xícara)
1kg de tomate fresco sem pele e sem semente (10 unidades grandes)
1 folha de louro rasgada
30g de manjericão picado (3 colheres de sopa)
10g de tomilho picado (1 colher de sopa)
10g de açúcar (1 colher de sopa)
sal a gosto

Rendimento: 650ml

Vinagrete tradicional

30ml de vinagre de maçã
(3 colheres de sopa)
40ml de óleo de canola
(4 colheres de sopa)
40ml de azeite extravirgem
(4 colheres de sopa)
sal e pimenta-do-reino a gosto

Utensílio necessário:
liqüidificador

Rendimento: 90ml

PREPARO:

Bater todos os ingredientes no liqüidificador.

SOBRE BATATAS

COMO ESCOLHER UMA BATATA
Deve ter casca lisa e não ceder à pressão dos dedos nem ter manchas e pontos escuros. Se estiver com brotos, já está velha.

COMO COZINHAR
- Como a maioria dos nutrientes da batata está na parte bem próxima da casca, a melhor forma de conservar seu valor nutritivo e seu sabor é cozinhá-la sem descascar.
- Ao cozinhar as batatas sem casca, coloque um pouquinho de óleo na água. Isso evita que elas se quebrem durante o cozimento.
- Durante o cozimento, use fogo baixo e panela tampada para que as batatas possam cozinhar de modo uniforme.

MELHOR MANEIRA DE PREPARAR
Assada, frita, palha, cozida, purê.

ALGUNS TIPOS DE CORTE
Palito, cubos, portuguesa (em lâminas finas), palha, rodelas, chips, roesti.

COMO GUARDAR
Procure sempre guardar em lugar seco e arejado, caso contrário ela começa a brotar. Também tome cuidado para não amontoá-las, pois o abafamento acelera o envelhecimento do legume.

PONTO CORRETO
O ponto de cozimento sempre é testado com um garfo ou uma agulha, espetando-se várias batatas. Se o legume não estiver duro, é sinal de que já está cozido.

PARA DESCASCAR
Use descascador ou faca pequena, pois facilita o manuseio, caso a batata seja pequena.

DICAS
- Para as batatas ficarem bem secas depois de fritas, guarde-as já cortadas, em água, na geladeira, por trinta minutos antes de fritar.
- As batatas ficam melhores se forem fritas aos poucos, sem deixá-las corar e, na hora de servir, fritar novamente em óleo bem quente.
- Ao fritar batatas, prefira uma panela de fundo bem grosso, para que o calor seja uniforme.
- Para preparar o purê, cozinhe as batatas com casca. Para retirar a casca ainda quente, use um garfo para segurá-las. E nunca passe as batatas pelo liqüidificador ou processador, elas ficarão visguentas e só servirão para sopa.
- Para dar um gostinho especial ao purê, experimente acrescentar um pouco de alecrim bem picadinho.
- A batata descascada deve ser usada logo para que não perca muita vitamina C.
- Para pratos que levam batata ralada, tanto faz ralar as batatas cruas ou cozidas. Entretanto, é mais fácil se forem cozidas al dente e depois raladas.
- Batatas-doces cozidas com um pouco de açúcar mascavo ficam mais saborosas. Um toque de vinagre evitará que escureçam.
- Quando for assar batatas com casca, lave-as bem, enxugue e passe azeite ou óleo nelas e salpique com sal. Batatas assadas ou coradas

ficarão muito saborosas com curry em pó, avelãs ou outra fruta seca picada, gergelim torrado, queijo parmesão ralado, ervas picadas e cream cheese.
- Batatas cruas não devem ser congeladas. Cozidas podem, mas costumam ficar encharcadas de água. Certifique-se de que estão bem secas e embrulhe uma a uma em filme-plástico.

GLOSSÁRIO

Aneto – Mesmo que endro ou dill, pertence à família das umbelíferas, da qual fazem parte o coentro, o cominho e a erva-doce. Semelhante ao funcho. Pode ser adquirido em grão ou folhas.

AOC ou AC – Sigla de *Appellation Contrôlée*, instituição francesa de controle governamental quanto à origem e produção dos melhores vinhos do país.

Ariá – Tipo de batata, da família das marantáceas, de rizomas farináceos e comestíveis depois de cozidas; também conhecida por uariá ou cauaçu.

Banho-maria – Aquecer ou cozinhar lentamente um alimento colocando o recipiente em que este se encontra dentro de outro com água e levando-o ao fogo ou forno.

Branquear – Cozinhar rapidamente em água fervente.

Caramelizar – Derreter o açúcar no fogo até que se torne uma calda escura e grossa. Também significa cobrir o fundo e as bordas de um recipiente com essa calda.

Cardamomo – Condimento nativo da Índia encontrado facilmente em supermercados.

Chinois (termo francês) – Espécie de funil ou tela de inox, de furos bem pequenos, utilizado na cozinha profissional para coar molhos e caldos, entre outros preparados líquidos.

Ciboulette – Também conhecido como cebolinha francesa. Assemelha-se à nossa cebolinha, mas com ramos mais finos.

Dashi – Caldo à base de Hondashi.

Desossar – Retirar os ossos de uma carne mantendo sua forma original.

Dessalgar – Retirar o excesso de sal de um alimento, deixando-o de molho em água, que deve ser trocada em intervalos regulares (em geral estipulados na receita).

Flambar – Derramar determinada quantidade de bebida alcoólica sobre um alimento que está sendo preparado e atear-lhe fogo, mantendo as chamas por alguns instantes.

Gratinar – Cobrir o prato com queijo ralado e farinha de rosca, levando-o ao forno até que se forme uma crosta dourada.

Hondashi – Caldo concentrado de peixe, encontrado em lojas de produtos orientais.

Mandioquinha – O mesmo que batata-baroa.

Mandolim – Instrumento usado para laminar legumes, cortar em fatias finas.

Marinar – Deixar um alimento – em geral, carnes, aves ou peixes – de molho em marinada (vinha-d'alhos) para que fique mais macio e impregnado pelo molho. A marinada é um preparado de azeite, vinagre ou suco de limão, com sal ou vinho, ao qual se acrescentam vários temperos, como cebola, alho, louro e salsa.

Mirin – Vinho de arroz, bastante adocicado.

Missô – Pasta fermentada de soja.

Murchar – Refogar o alimento até que ele perca um pouco do líquido próprio e fique com a aparência murcha.

Nam pla – Molho fermentado de peixe disponível em lojas de produtos orientais.

Paleta – Um tipo de corte de carne a partir do ombro do animal.

Pancetta – Toucinho fabricado na região de Parma na Itália, um pouco mais magro que o comum e, em geral, não é defumado. É produzido com a barriga do porco e é vendido enrolado, em forma de caracol.

Salamandra – Tipo de estufa com a fonte de calor na parte superior interna.

Saltear – Método de cozimento rápido, em que se faz uma breve fritura com o utensílio em movimento, de forma que o alimento não fique permanentemente em contato com o fundo da panela.

Saquê – Bebida fermentada à base de arroz.

Shoyu – Molho de soja, feito com feijão-soja e sal.

Uni – Ovas de ouriço-do-mar.

Vinha-d'alhos – Mistura de temperos como alho, pimenta e vinagre, em que se deixam carnes, aves e peixes marinando antes de serem cozidos, com o propósito de lhes conferir mais sabor.

Wok – Panela milenar de origem chinesa. Um tipo de frigideira funda com a boca bem larga.

ÍNDICE REMISSIVO DE RESTAURANTES

A Favorita 118
Akuaba 31
Alice 33
Amadeus 34
Arábia 66
Banana da Terra 95
Beijupirá 36
Bistrô D'Acampora 37
Borsalino 39
Boulevard 113
Calamares 148
Cantaloup 132
Cantina Italiana 90
Carême Bistrô 97
Casa da Suíça 68
Chez Georges 101
Divina Gula 134
Dom Giuseppe 41
Dona Derna 43
Empório Ravioli 103
Emporium Pax 69
Esch Cafe (Centro) 136
Esch Cafe (Leblon) 120

Fogo Caipira 45
Galani 138
Garrafeira 105
Giuseppe 71
Gosto com Gosto 150
Ilha Deck 72
Kojima 140
La Caceria 107
Lá em Casa 115
La Sagrada Familia 124
La Tavola 47
La Victoria 73
Locanda della Mimosa 48
Ludwig 92
Marcel (Brooklin) 50
Marcel (Fortaleza) 74
Marcel (Jardins) 99
Margutta 76
Mistura Fina 151
Moana 77
Nakombi 53
O Navegador 152

Oficina do Sabor 127
Oriundi 129
Papaguth 142
Parador Valencia 78
Pax 55
Quadrifoglio 154
Quina do Futuro 143
Rancho Inn 80
Ristorante Bologna 122
Sawasdee 109
Splendido Ristorante 57
Sushi Leblon 59
Taste Vin 61
Taverna del Nonno 82
Varig 84
Vecchio Sogno 86
Vila Bueno 87
Vinheria Percussi 63
Viradas do Largo 111
Wanchako 145
Xapuri 155

ÍNDICE REMISSIVO DE RECEITAS

Assado de Batata com Camarões, Molho Suave de Laranja e Caviar 113
Atum com Batata Gratinada ao Nirá 136
Baekenofe com Foie Gras e Coxa de Pato Confit 97
Batata à Moda Libanesa 66
Batata ao Javali 107
Batata com Amêndoa 82
Batata com Omelete e Funghi 63
Batata com Rabo Quente 111
Batata e Bacalhau na Concha 34
Batata Laminada com Escalope de Filé 105
Batata Recheada com Ovo e Creme de Trufas 48
Batata-Doce em Creme e Crocante com Ninho de Paçoca de Carne-de-Sol 45
Batatas Albese 86
Batatas ao Forno com Molho de Tomate 76
Batatas com Salmão 142
Batatas Crocantes com Bacalhau ao Molho de Azeitonas 138
Batatas Fritas Trufadas 73
Batatas Gratinadas Dauphinoise 74
Batatas Plent 77
Batatas Recheadas 43
Batatinhas Crocantes 36
Bolinho Mar e Montanha 39
Creme de Batata-Doce com Molho de Camarão à Moda do Congo 31
Creme de Batata-Inglesa com Vôngole e Aroma de Tartufo 47
Crepe Brûlée de Batata-Doce e Chocolate 152
Croquete de Batata e Espinafre 69
Curry Muslim de Carne com Batatas 109
Escalope de Foie Gras sobre Espiral de Batata 99
Flã de Baroa com Caramelo de Vinagre Balsâmico 84
Focaccia de Batata 90
Galette de Batatas com Queijo de Cabra 61
Gnoccheti de Peixe 122
Gratinado de Batata com Pancetta 71

Laminados de Batata com Atum 143
Lotte em Crosta de Batata com Mousseline de Batata-Baroa 132
Maionese de Ariá com Camarão Regional Frito 115
Marrom-Glacê Brasileiro 150
Merengue de Marrom-Glacê 151
Mix de Purês 80
Montinhos de Batata e Torresmo de Tilápia 134
Musse Quente de Batatas Recheada com Queijo de Coalho 37
Nhoque de Batata-Doce com Ragu de Carne-de-Sol 124
Nhoque Pernambucano 127
Nhoque Recheado com Carne-Seca 120
Ninhos de Batata da Vovó 87
Pão de Batata-Roxa 92
Pasta de Batatas Picantes com Abacate e Agulhas Fritas 145
Petisco de Nhoque 41
Pudim Marrom-Glacê 154
Purê de Batata com Raiz-Forte e Creme Azedo 72
Purê de Batata-Doce ao Mel com

Pato ao Molho de Cachaça 95
Queques de Batata 148
Ravióli Crocante de Batata com Recheio de Cogumelo 118
Roesti de Berna 68
Roesti Sertanejo 101
Salada Quente de Batata com Lingüiça de Lombo 55
Salmão em Crosta de Batata ao Creme de Gengibre e Cenoura Caramelizada 140
Sopa de Batata-Baroa com Escalopes de Foie Gras e Óleo de Jaboticaba 57
Sopa-Creme de Batata-Doce e Gengibre 33
Suflê de Batata 50
Tempura de Batatas 59
Torta de Batata-Doce 155
Tortelli de Batatas 129
Tortilla de Batatas 78
Vinagrete Oriental com Batata-Bolinha Recheada 53
Vitela Escondida 103

RELAÇÃO DOS RESTAURANTES ASSOCIADOS

ALAGOAS
Akuaba
Tel.: (82) 3325-6199
Divina Gula
Tel.: (82) 3235-1016
Le Corbu
Tel.: (82) 3327-4326
Le Sururu
Tel.: (82) 2121-4000
Wanchako
Tel.: (82) 3327-8701

AMAPÁ
Cantina Italiana
Tel.: (96) 225-1803

CEARÁ
Marcel (Fortaleza)
Tel.: (85) 219-7246
Moana
Tel.: (85) 263-4635

DISTRITO FEDERAL
Alice
Tel.: (61) 3368-1099
Cielo Ristorante
Tel.: (61) 3364-5655
Universal Diner
Tel.: (61) 3443-2089

ESPÍRITO SANTO
Oriundi
Tel.: (27) 3227-6989
Papaguth
Tel.: (27) 3324-0375

MATO GROSSO DO SUL
Fogo Caipira
Tel.: (67) 324-1641

MINAS GERAIS
A Favorita
Tel.: (31) 3275-2352
Dartagnan
Tel.: (31) 3295-7878
Dona Derna
Tel.: (31) 3223-6954
La Victoria
Tel.: (31) 3581-3200
Osteria
Tel.: (31) 3481-1658
Patuscada
Tel.: (31) 3213-9296
Splendido Ristorante
Tel.: (31) 3227-6446
Taste Vin
Tel.: (31) 3292-5423
Vecchio Sogno
Tel.: (31) 3292-5251
Viradas do Largo
Tel.: (32) 3355-1111
Xapuri
Tel.: (31) 3496-6455

PARÁ
Dom Giuseppe
Tel.: (91) 4008-0001
Lá em Casa
Tel.: (91) 223-1212

PARANÁ
Boulevard
Tel.: (41) 224-8244
Ristorante Bologna
Tel.: (41) 3223-7102

PERNAMBUCO
Beijupirá
Tel.: (81) 3552-2354
Chez Georges
Tel.: (81) 3326-1879
Kojima
Tel.: (81) 3328-3585
Munganga Bistrô
Tel.: (81) 3552-2480
Oficina do Sabor
Tel.: (81) 3429-3331

Pomodoro Café
Tel.: (81) 3326-6023
Pousada do Zé Maria
Tel.: (81) 3619-1258
Quina do Futuro
Tel.: (81) 3241-9589
Wiella Bistrô
Tel.: (81) 3463-3108

RIO DE JANEIRO
66 Bistrô
Tel.: (21) 2539-0033
Banana da Terra
Tel.: (24) 3371-1725
Bistrô Montagu
Tel.: (21) 2493-5966
Borsalino
Tel.: (21) 2491-4288
Carême Bistrô
Tel.: (21) 2226-0093
Casa da Suíça
Tel.: (21) 2252-5281
Emporium Pax
Tel.: (21) 2559-9713
Esch Cafe Centro
Tel.: (21) 2507-5866
Esch Cafe Leblon
Tel.: (21) 2512-5651
Giuseppe
Tel.: (21) 2509-7215

Gosto com Gosto
Tel.: (24) 3387-1382
Jardim Secreto
Tel.: (24) 3351-1371
La Sagrada Familia
Tel.: (21) 2252-2240
Locanda della Mimosa
Tel.: (24) 2233-5405
Margutta
Tel.: (21) 2259-3887
O Navegador
Tel.: (21) 2262-6037
Parador Valencia
Tel.: (24) 2222-1250
Rancho Inn
Tel.: (21) 2263-5197
Restaurante Alvorada
Tel.: (24) 2225-2021
Sawasdee
Tel.: (22) 2623-4644
Sushi Leblon
Tel.: (21) 2249-7550

RIO GRANDE DO SUL
Calamares
Tel.: (51) 3346-8055
La Caceria
Tel.: (54) 286-2544
Taverna del Nonno
Tel.: (54) 3286-1252

SANTA CATARINA
Bistrô d'Acampora
Tel.: (48) 235-1073
SÃO PAULO
Amadeus
Tel.: (11) 3061-2859
Arábia
Tel.: (11) 3061-2203
Bistrô Marcel
Tel.: (11) 5504-1604
Cantaloup
Tel.: (11) 3078-9884
Empório Ravioli
Tel.: (11) 3846-2908
Ludwig
Tel.: (12) 3663-5111
Marcel Consolação
Tel.: (11) 3064-3089
Nakombi
Tel.: (11) 3845-9911
Terraço Itália
Tel.: (11) 3257-6566
Vila Bueno
Tel.: (19) 3867-3320
Vinheria Percussi
Tel.: (11) 3088-4920

SERGIPE
La Tavola
Tel.: (79) 3211-9498

SOBRE OS AUTORES

Nana Moraes

Danusia Barbara

Jornalista carioca, prova do bom e do melhor em todas as partes do mundo. Da Amazônia a Mianmar, do Canadá ao Zimbábue, dos Estados Unidos às Ilhas Maurício, da Europa à América do Sul, dos pampas gaúchos à Tailândia e ao Oriente Médio, lugares por onde passou, pesquisa sabores, gostos, texturas, contrastes, sensações. Há mais de 20 anos escreve o *Guia Danusia Barbara*, sobre os restaurantes do Rio.

É autora dos livros *Rio, sabores & segredos*; *Tomate*; *Feijão*; *Berinjela*; *Porco*; *Batata*; *Crustáceos*; *Arroz*; *Satyricon – O mar à mesa*, *A borrachinha que queria ser lápis* (infantil) e *Roteiro turístico-cultural das praias do Rio de Janeiro*.

Mestre em Poética pela Universidade Federal do Rio de Janeiro (UFRJ), estudou também na Columbia University, Nova York. Colabora em várias publicações com artigos sobre suas aventuras gastronômicas.

Sergio Pagano

Italiano de Milão, o fotógrafo começou sua carreira naquela cidade, em 1970, com ensaios para as principais revistas de decoração, agências de publicidade e galerias de arte.

Em 1978 foi para Paris, onde morou por nove anos, durante os quais se dedicou a fotografar concertos de *rock* e seus artistas. Foi essa especialidade que o trouxe ao Rio de Janeiro, para fotografar o Rock in Rio.

Em 1986, mudou-se definitivamente para o Brasil, onde tem realizado trabalhos de fotografia nas áreas de decoração, arquitetura e gastronomia. Esses mesmos temas também lhe renderam mais de vinte livros publicados. Entre eles destacam-se *Tomate*, Feijão, *Berinjela*, *Porco*, *Batata*, *Crustáceos e Arroz* da Associação dos Restaurantes da Boa Lembrança e Danusia Barbara, e os volumes da coleção *Receita Carioca*, da Editora Senac Rio.

Associação dos Restaurantes da Boa Lembrança

Criada em 2 de março de 1994, a **Associação dos Restaurantes da Boa Lembrança** busca a alegria gastronômica em todos os níveis. Entre as suas inovações está a distribuição de pratos de cerâmica pintados à mão a todos que saboreiam uma das opções do cardápio dos restaurantes filiados. E mais: fornece aos clientes o passaporte para a obtenção de garrafas de champanhe; organiza jantares especiais; incentiva o turismo no Brasil; realiza festivais de comidas e bebidas; promove congressos nacionais e também fomenta o Clube do Colecionador, no qual é possível trocar experiências, receitas e até mesmo os cobiçados pratos. Tudo isso para deixar gravada na memória a "boa lembrança" do que sempre ocorre quando se freqüenta um dos seus restaurantes em todo o Brasil. De Belém a Florianópolis, de Maceió a São Paulo, do Recife ao Rio de Janeiro ou a Belo Horizonte: qualidade é a meta. Por isso, os filiados à Associação não se apressam em crescer. Seu objetivo é a integração da diversificada culinária do nosso país.

Conheça os outros títulos da coleção
AROMAS E SABORES DA BOA LEMBRANÇA

VERSÃO LUXO

VERSÃO POCKET

Para conhecer a história, os restaurantes, a galeria de pratos,
os projetos e eventos da Associação dos Restaurantes da Boa Lembrança,
visite o site: **www.boalembranca.com.br**.
Acesse também o site do Clube do Colecionador: **www.clubedocolecionador.com.br**.

CIP-BRASIL.CATALOGAÇÃO-NA-FONTE
SINDICATO NACIONAL DOS EDITORES DE LIVROS, RJ.

B184b
2.ed.

Barbara, Danusia, 1948–
  Batata.
/ texto Danusia Barbara ; fotos Sergio Pagano. — 2.ed. — Rio de Janeiro : Ed. Senac Rio : Associação dos Restaurantes da Boa Lembrança, 2008.
II. ; . — (Aromas e Sabores da Boa Lembrança ; v. 5)

180p. 13cm x 18cm

Apêndices
Inclui bibliografia
ISBN 85-87864-92-0

1. 1. Culinária (Batata). 2. Batata – Variedades.
I. I. Associação dos Restaurantes da Boa Lembrança. II. Título. III. Série.

06-1580.   CDD 641.6521
                                                   CDU 641.5:635.21

Este livro foi composto em Trade Gothic e
impresso em papel Pólen Bold Areia 90g/m^2,
para a Editora Senac Rio, em novembro de 2008.